AF305161

BAO VUONG
THE CROSSING

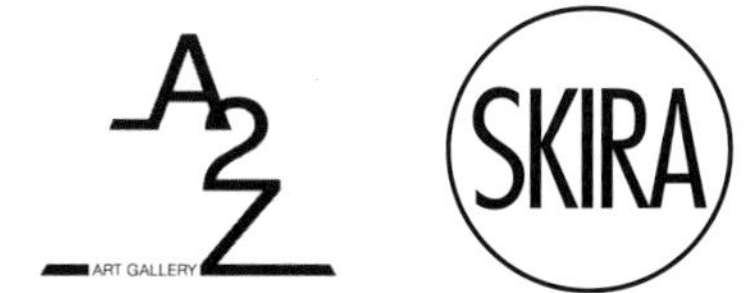

Remerciements

A2Z Art Gallery et les Éditions Skira tiennent à remercier tout particulièrement Bao Vuong pour sa précieuse contribution et son engagement au cours de l'élaboration de cet ouvrage. Nous remercions aussi les collaborateurs et amis de la galerie pour leur soutien. Qu'ils soient assurés de notre profonde gratitude.

Acknowledgements

A2Z Art Gallery and Éditions Skira would particularly like to thank Bao Vuong for his invaluable contribution and commitment during the preparation of this book. We would also like to thank the collaborators and friends of the gallery for their support. They have our deepest gratitude.

Ce catalogue met en lumière quatre expositions de Bao Vuong, à savoir *The Crossing* (2020), *Coming Through* (2021), *Horizons* (2022) et *Nước* (2023). Ces séries picturales, présentées à la A2Z Art Gallery, s'inscrivent dans une continuité thématique explorant le voyage, l'exil, ainsi qu'une recherche introspective et cathartique. Ces œuvres captivantes, toutes issues du même fil narratif, révèlent un cheminement artistique qui résonne avec le public, évoquant la force de résilience personnelle de chacun. Découvrez l'univers unique de Bao Vuong à travers ces quatre expositions marquantes.

This catalogue highlights four exhibitions by Bao Vuong, namely *The Crossing* (2020), *Coming Through* (2021), *Horizons* (2022), and *Nước* (2023). These pictorial series, showcased at the A2Z Art Gallery, have a thematic continuity that explores travel and exile, as well as introspective and cathartic self-discovery. These captivating works, all stemming from the same narrative thread, reveal an artistic journey that resonates with the audience, invoking the personal resilience of each individual. We invite you to explore the unique world of Bao Vuong through these four impactful exhibitions.

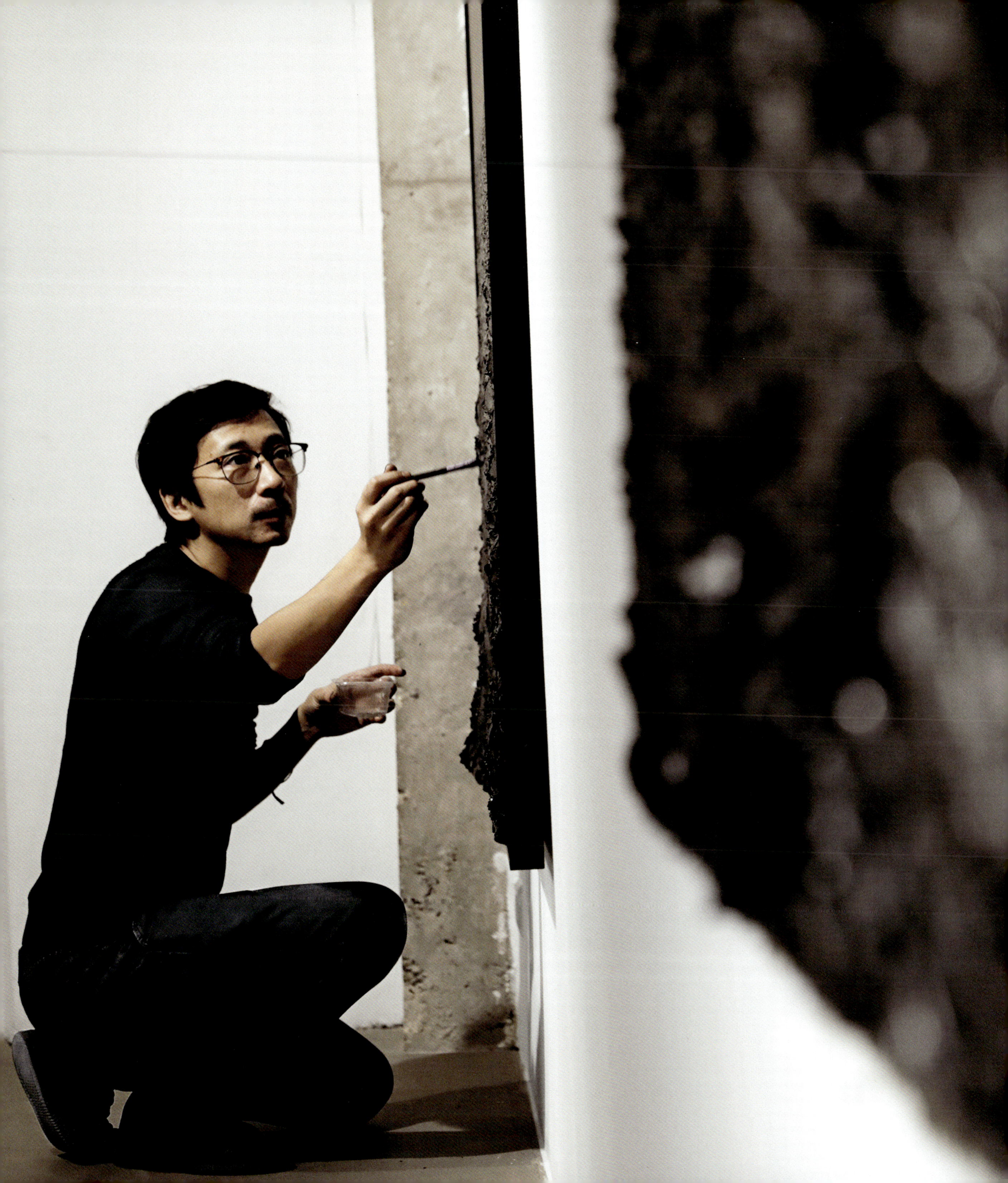

Fondée en 2009 au cœur de Saint-Germain-des-Prés, A2Z Art Gallery est spécialisée dans l'art contemporain et présente une sélection d'artistes internationaux. Les fondateurs, Ziwei Li et Anthony Phuong, offrent aux artistes carte blanche pour exprimer leur univers.

Les artistes de la galerie développent des styles caractéristiques, qui illustrent la diversité et la richesse d'une société mondialisée. Qu'ils soient peintres, photographes, sculpteurs, vidéastes ou performeurs, ils utilisent tous les médiums de l'art contemporain pour partager leurs perspectives sur le monde.

La galerie soutient particulièrement les artistes contemporains asiatiques et occidentaux, en collaborant avec diverses galeries et institutions culturelles pour favoriser les échanges entre l'Asie et la France. Elle affirme ainsi son rôle majeur dans la promotion de l'art contemporain asiatique.

Founded in 2009 in the heart of Saint-Germain-des-Prés, A2Z Art Gallery specializes in contemporary art and showcases a selection of international artists. The founders, Ziwei Li and Anthony Phuong, give artists carte blanche in their creative expression.

The gallery's artists develop distinctive styles, illustrating the diversity and richness of a globalized society. Whether painters, photographers, sculptors, videographers, or performers, they employ all mediums of contemporary art to share their perspectives on the world.

The gallery particularly supports contemporary Asian and Western artists, collaborating with various galleries and cultural institutions to foster exchanges between Asia and France. In doing so, it consolidates its pivotal role in promoting contemporary Asian art.

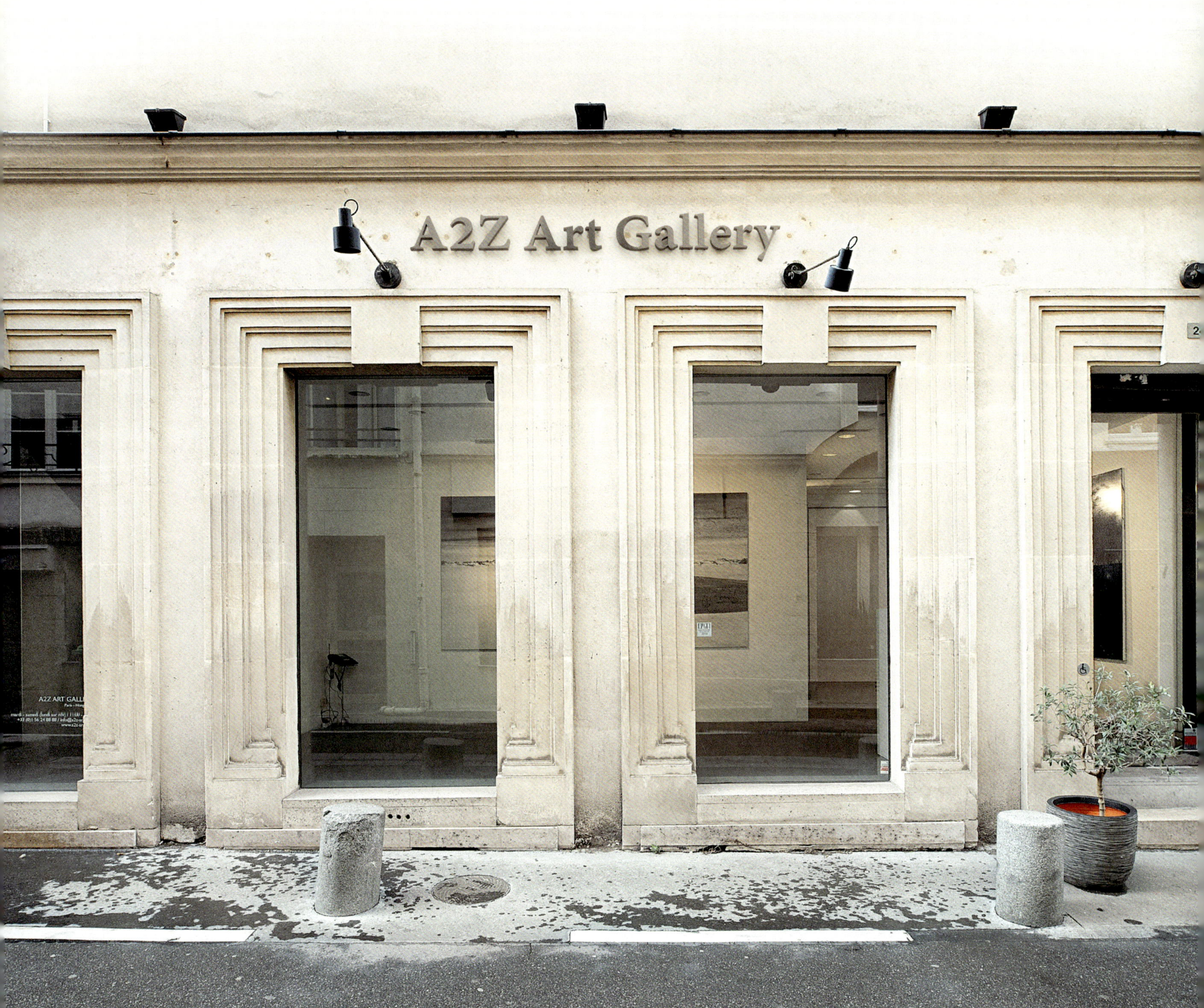

A2Z Art Gallery

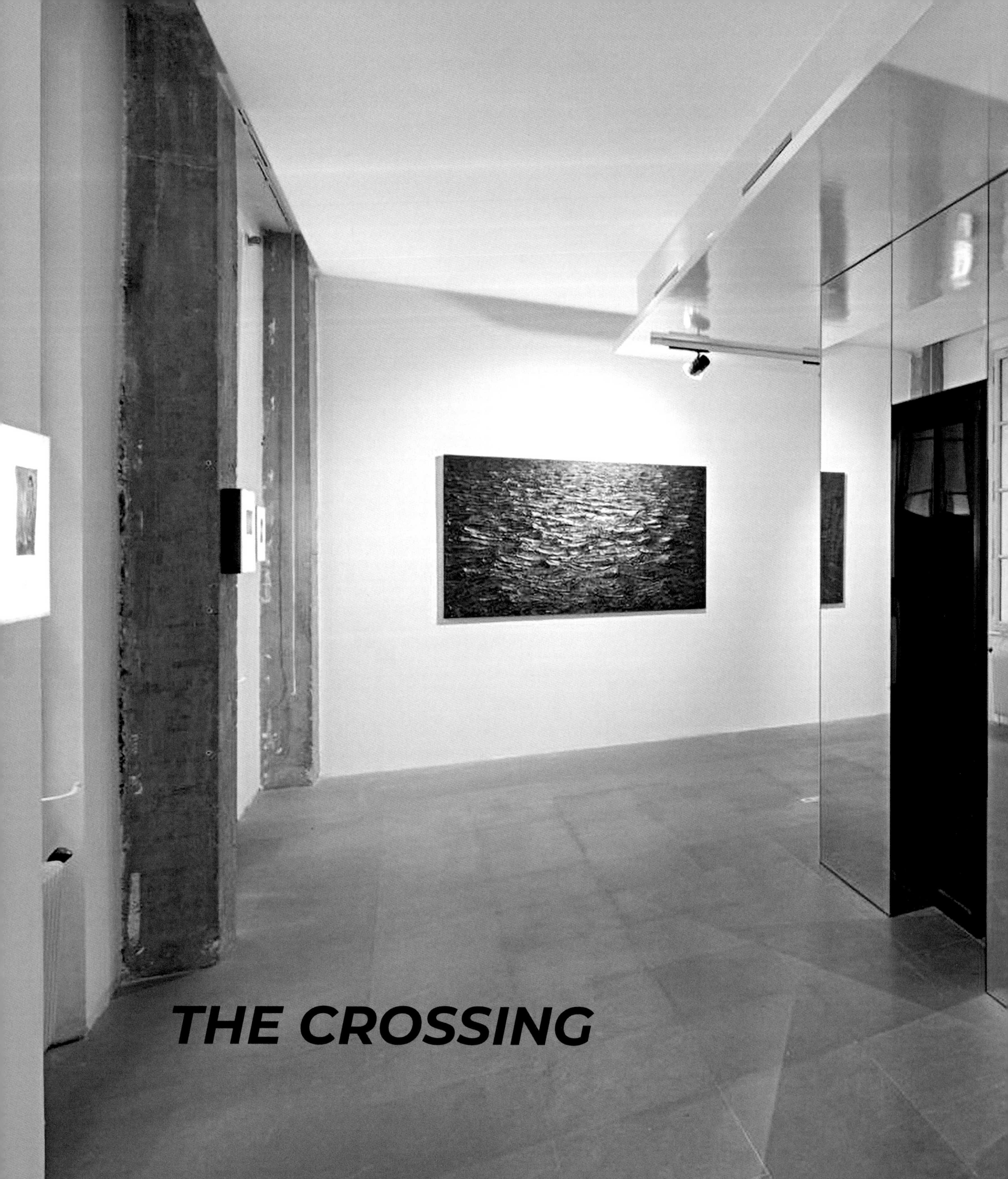

THE CROSSING

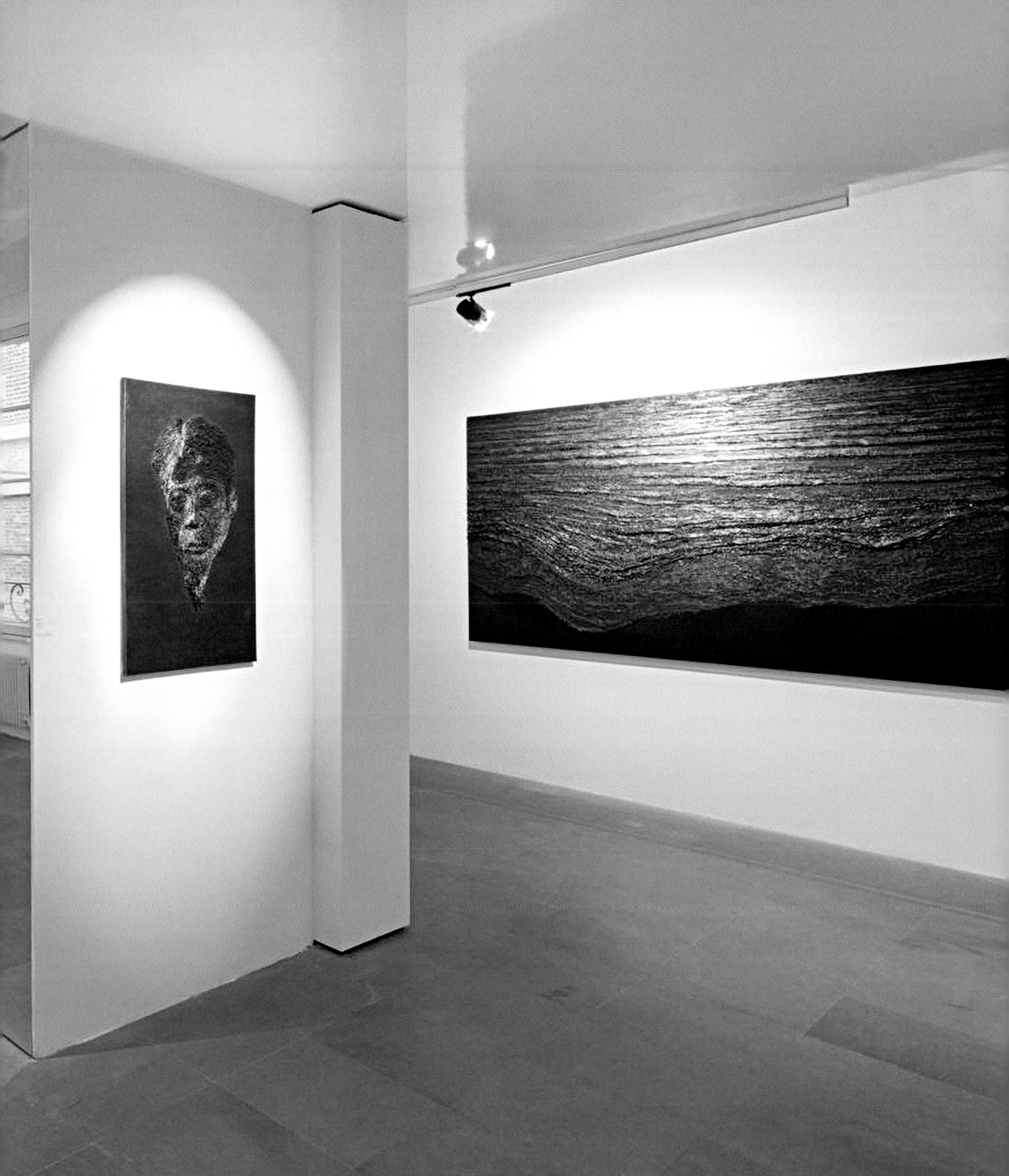

Oscillant entre abstraction et figuration, *The Crossing* permet à tout un chacun d'observer, de vivre et de s'approprier une expérience de contemplation de la « lumière du noir ». Entre présence et absence, entre douceur et rugosité, l'imaginaire et l'interprétation s'entrecroisent, nous laissant face à nous-même, à notre propre histoire. Au loin, surgit l'espoir d'un avenir meilleur.

Comme des centaines de milliers d'autres Vietnamiens contraints de fuir un pays divisé et ravagé par la guerre, Bao Vuong et sa famille plongent vers l'inconnu. Embarquant depuis les rives du Mékong pour traverser la mer, nombre de familles échouent dans les camps de réfugiés insalubres de Malaisie, puis aux Philippines, pour finalement être accueillies en France en tant que réfugiés politiques, en tant que « boat people ».

Après l'obtention de son master en arts plastiques aux Beaux-Arts de Toulon, Bao Vuong décide de retourner au Vietnam, en 2013, bien des années après avoir traversé les océans. Pour extirper le souvenir des blessures oubliées de son passé lointain, la série picturale *The Crossing* prend vie dans le pays qui l'a vu naître.

Après 25 années d'exil, Bao Vuong n'a pas de souvenirs concrets du temps passé en mer ou dans les camps. Cependant, le traumatisme collectif gît en lui, tenace. Les embarcations voguent au gré des vents et des marées. Les « sans repères » se heurtent à l'obscurité, à leurs émotions, aux incertitudes, vivant avec l'angoisse d'une mort imminente. La nuit interminable en mer exacerbe la détresse de l'esprit et du corps de ces « sans terre » qui viennent de tout perdre.

Oscillating between abstraction and figuration, *The Crossing* allows everyone to observe and experience the contemplation of the "light in the darkness" in their own way. Between presence and absence, softness and roughness, imagination closely intertwines with interpretation, leaving us to confront ourselves and our own past. In the distance, the hope of a better future emerges.

Like thousands of other Vietnamese who were forced to flee a divided, war-torn country, Bao Vuong and his family plunged into the unknown. Embarking from the banks of the Mekong River to cross the sea, many families pass through unsanitary refugee camps in Malaysia and the Philippines, ultimately arriving in France as political refugees, and being known as "boat people".

After obtaining his master's degree in Visual Arts at the Beaux-Arts de Toulon, Bao Vuong, many years after having crossed the oceans, decided to return to Vietnam in 2013. Confronting the memory of forgotten wounds deep in the past, the pictorial series *The Crossing* originated in the country where he was born.

After 25 years of exile, Bao Vuong no longer has concrete memories of the difficult times spent on the sea or in refugee camps. However, this collective trauma has taken root within him tenaciously. The boats drifted with the winds and tides. The people, with nothing to guide them, came up against the darkness, their emotions and uncertainty, living with the fear of imminent death. The endless nights at sea exacerbated the mental and physical distress of these "landless" people who had lost everything.

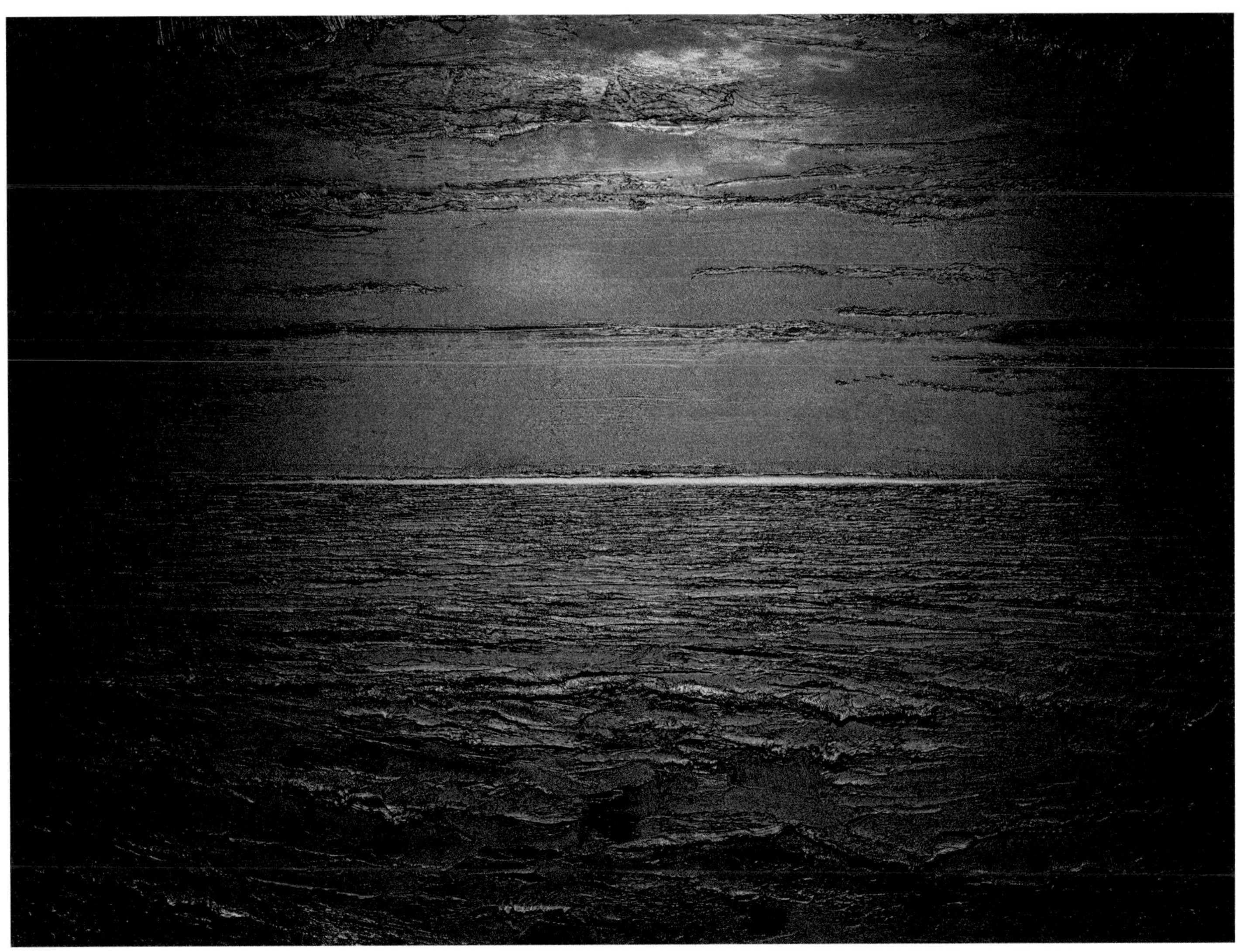

The Crossing - Dawn I, 2020

Huile, acrylique et feuille d'or sur toile |
Oil, acrylic and gold leaf on canvas
120 × 150 cm
Collection privée | Private collection

Aujourd'hui, l'artiste déverse cette mémoire émotionnelle dans des monochromes noirs en appliquant de grandes masses de peinture au couteau. À la différence des *Outrenoirs* de Pierre Soulages, laissant deviner une peinture noire sans parole, libérée de toute figuration et de toute représentation, les reflets de lumière sur les vagues, sur les cieux et sur les rivages animent pour Bao Vuong l'instinct de survie des naufragés.

Today, the artist pours this troubled emotional memory into black monochrome paintings by applying a large amount of paint with a palette knife. Unlike Pierre Soulages's *Outrenoirs*, which suggest a black painting without words, free of any figurative and representative forms, these works reflect faint light on the dynamic waves, sky and shore, triggering a survival instinct in those in distress beneath Bao Vuong's paintings.

Mathieu Dufourg et | and Bao Vuong

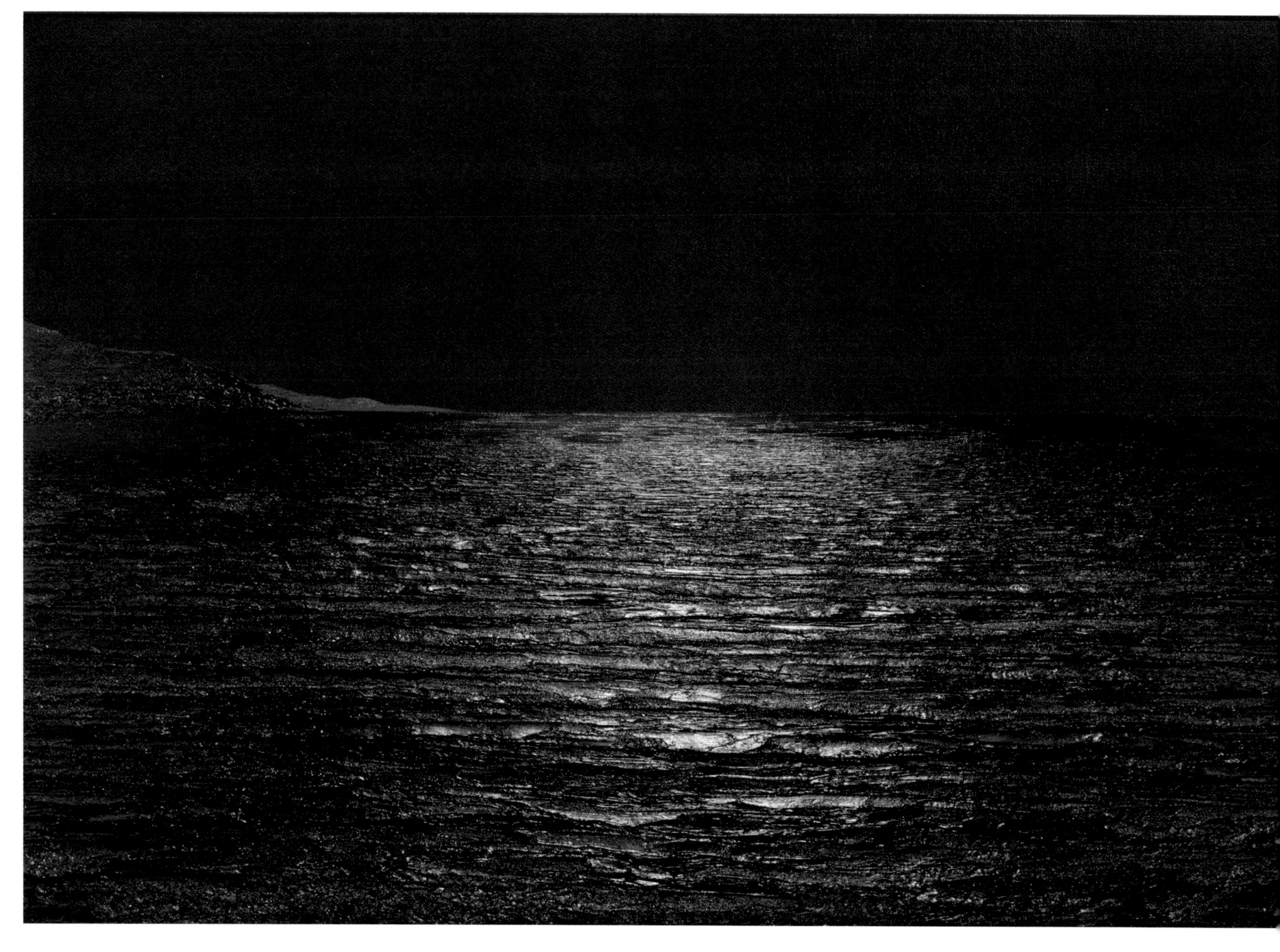

The Crossing XXIV, 2020

Huile et acrylique sur toile |
Oil and acrylic on canvas
140 × 195 cm chaque panneau | each panel
Diptyque | Diptych
Collection privée | Private collection

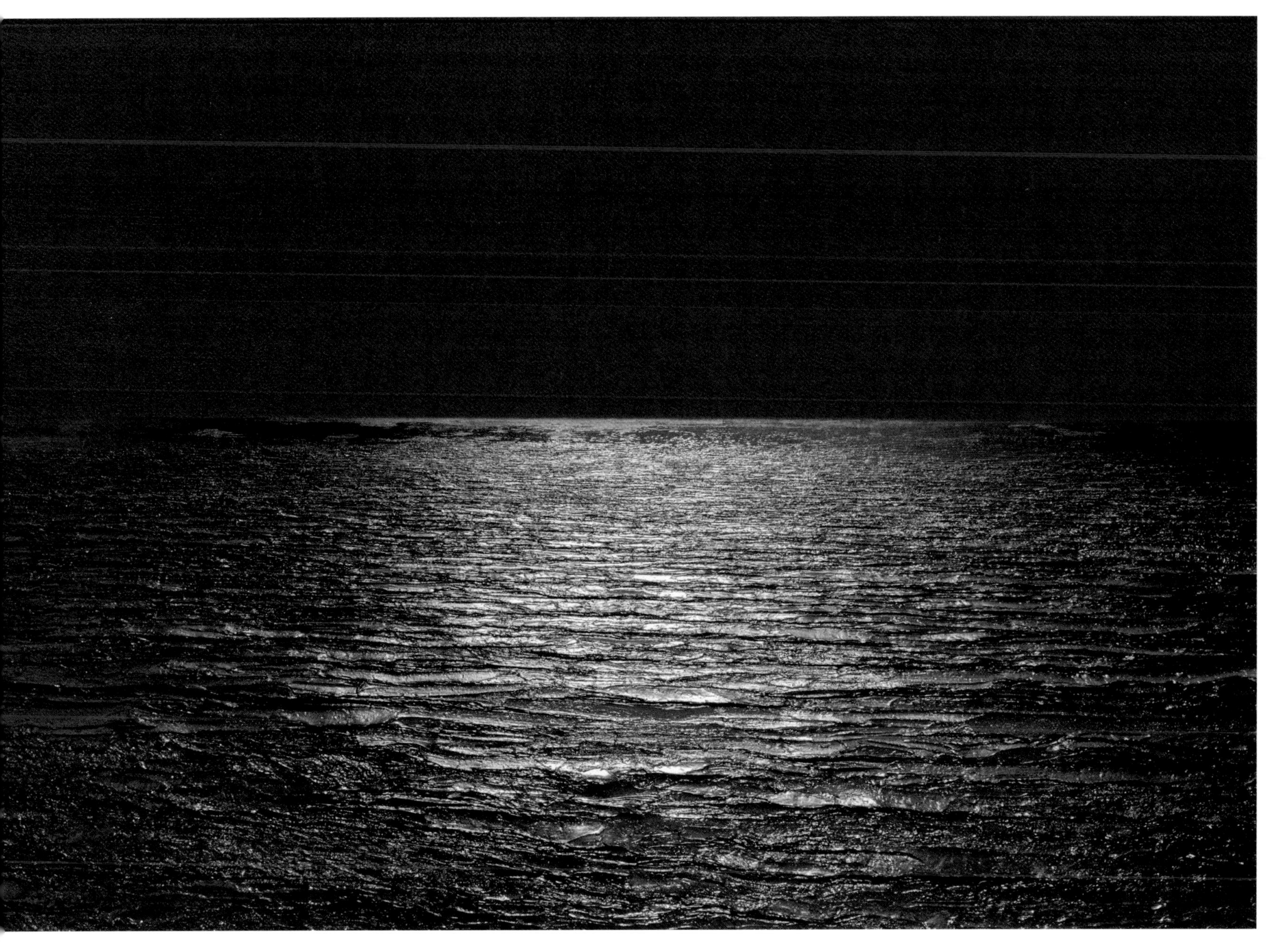

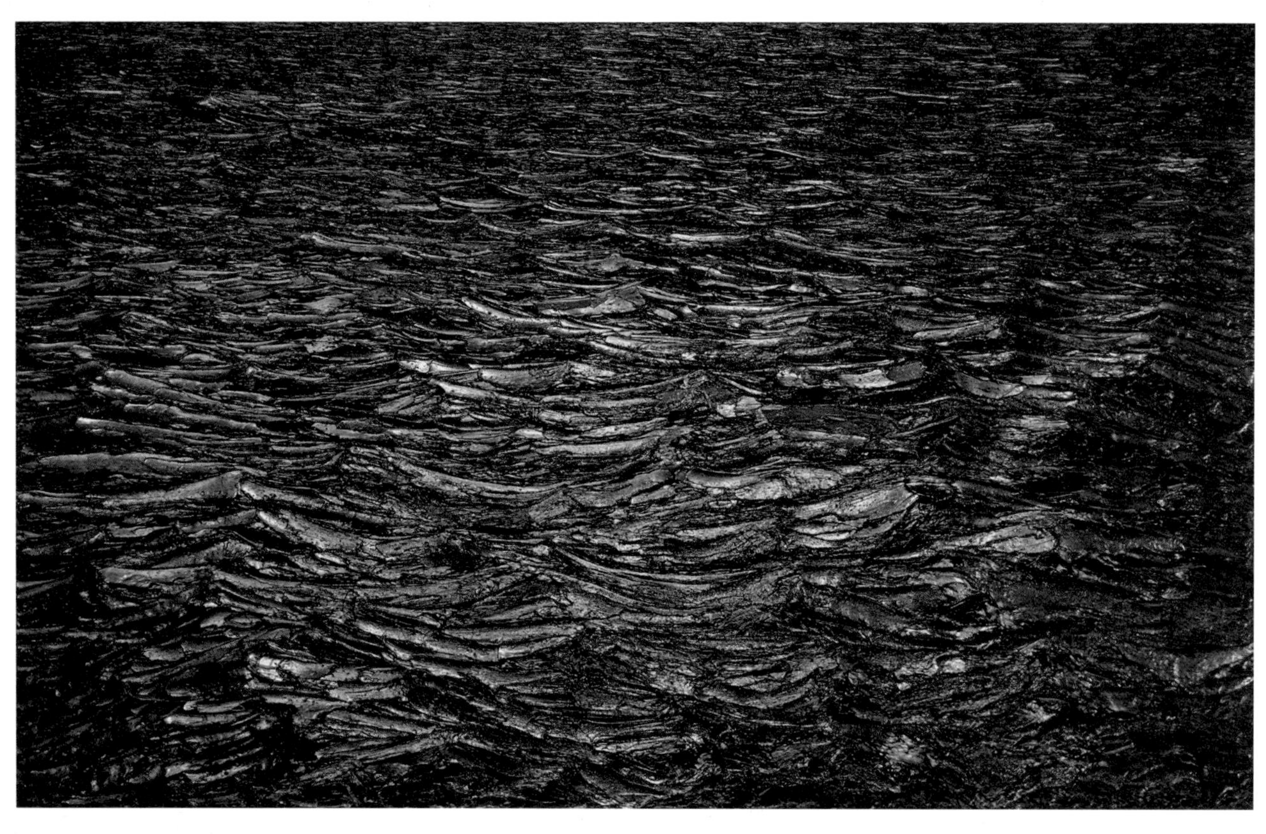

The Crossing XXIII, 2020

Huile sur toile |
Oil on canvas
107 × 170 cm
Collection privée | Private collection

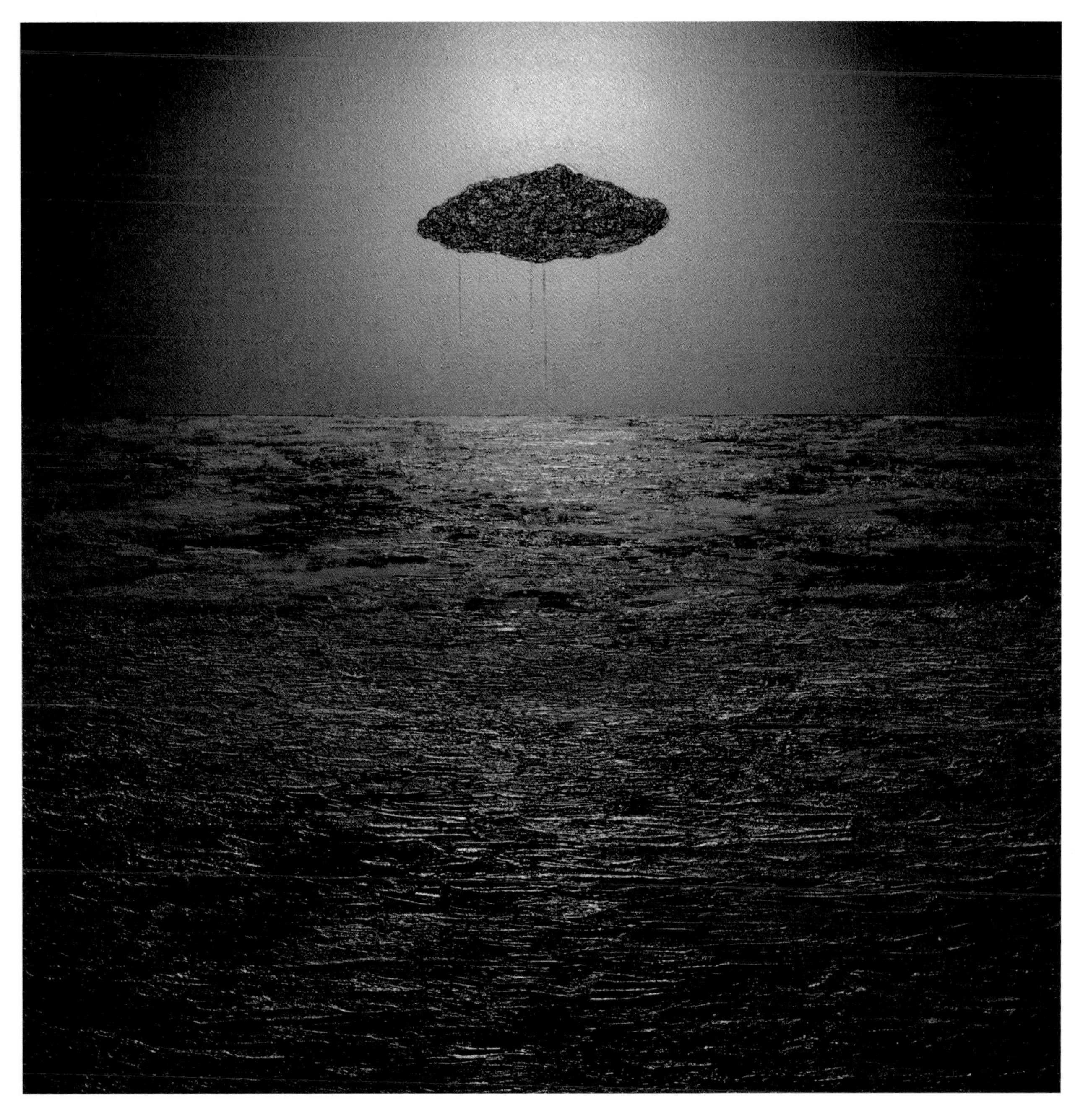

The Crossing - The Cloud, 2020

Huile et acrylique sur toile |
Oil and acrylic on canvas
180 × 170 cm
Collection privée | Private collection

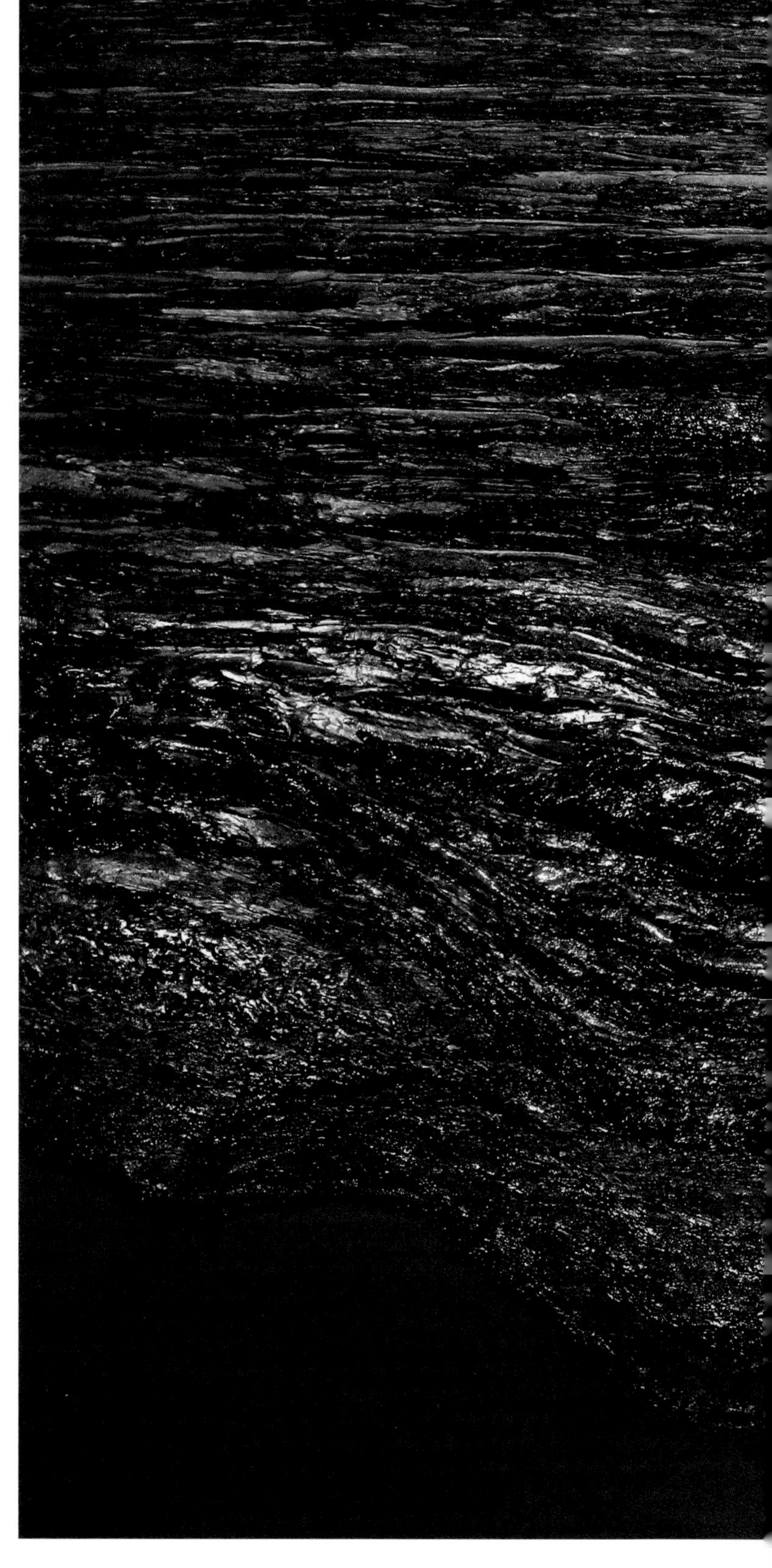

The Crossing - Pulau Bidong I, 2020

Huile et acrylique sur toile |
Oil and acrylic on canvas
140 × 220 cm
Collection privée | Private collection

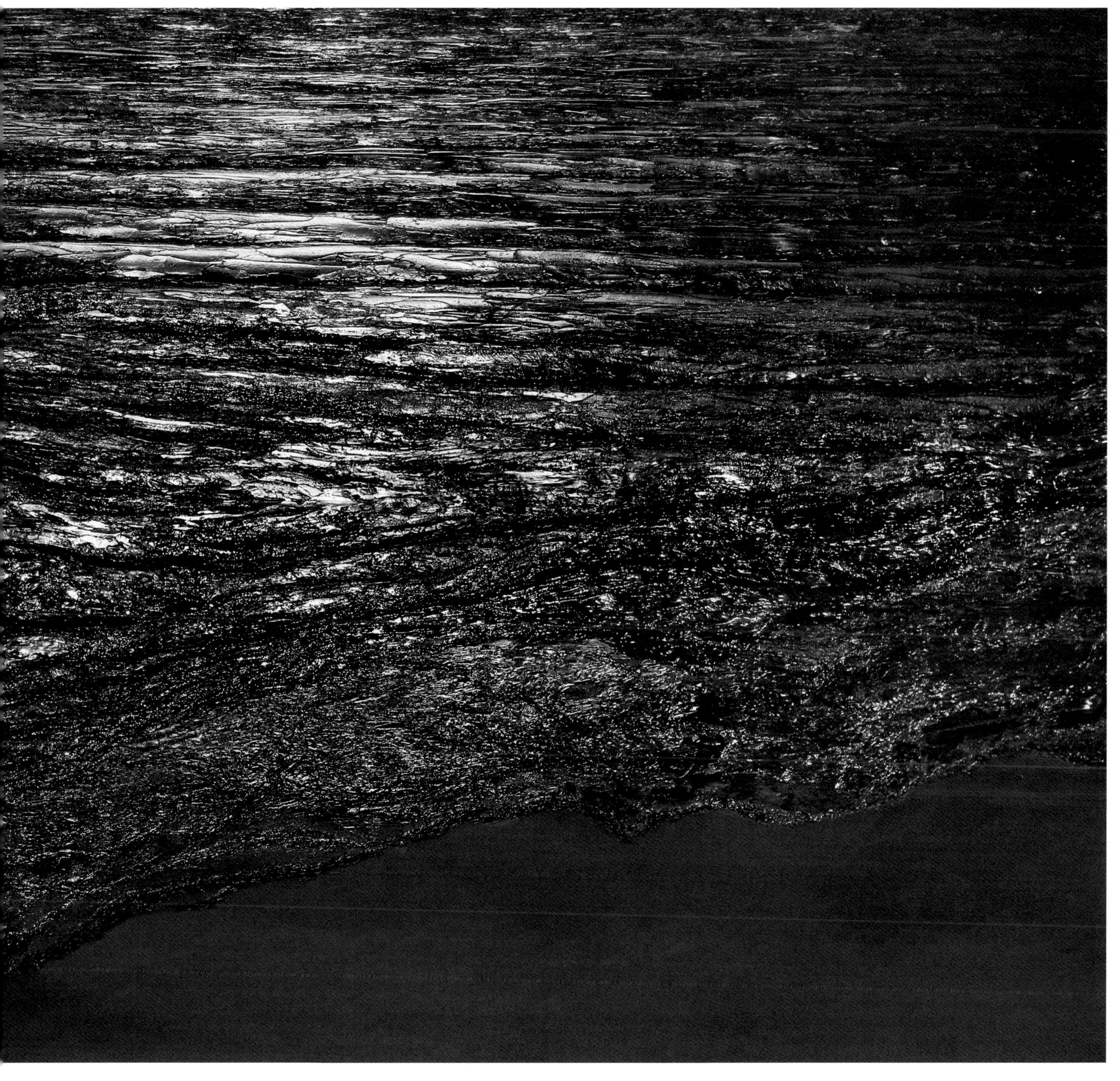

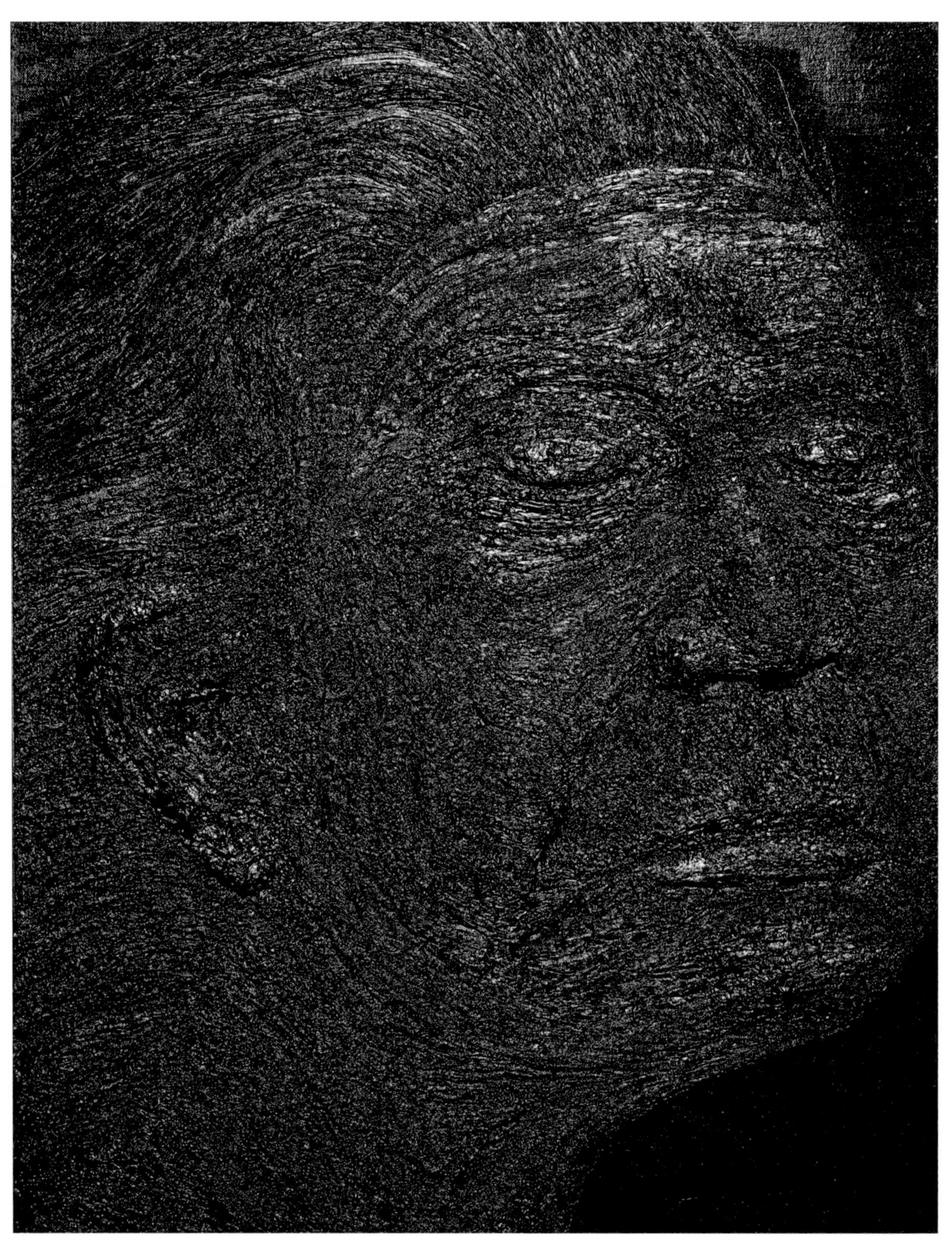

Contain II, 2019

Huile sur toile |
Oil on canvas
80 × 60 cm
Collection privée | Private collection

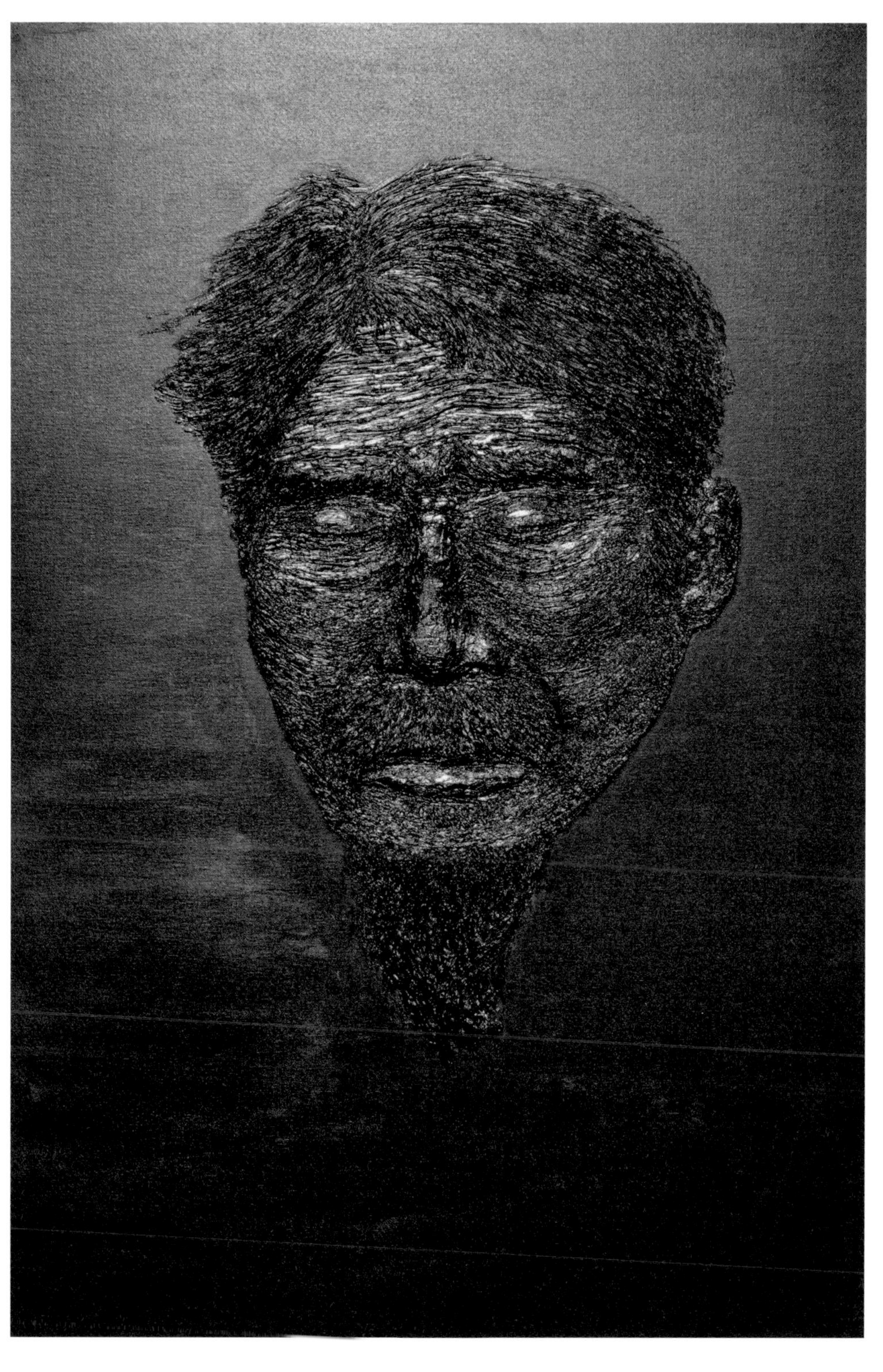

Contain III, 2019

Huile sur toile |
Oil on canvas
90 × 60 cm
Collection privée | Private collection

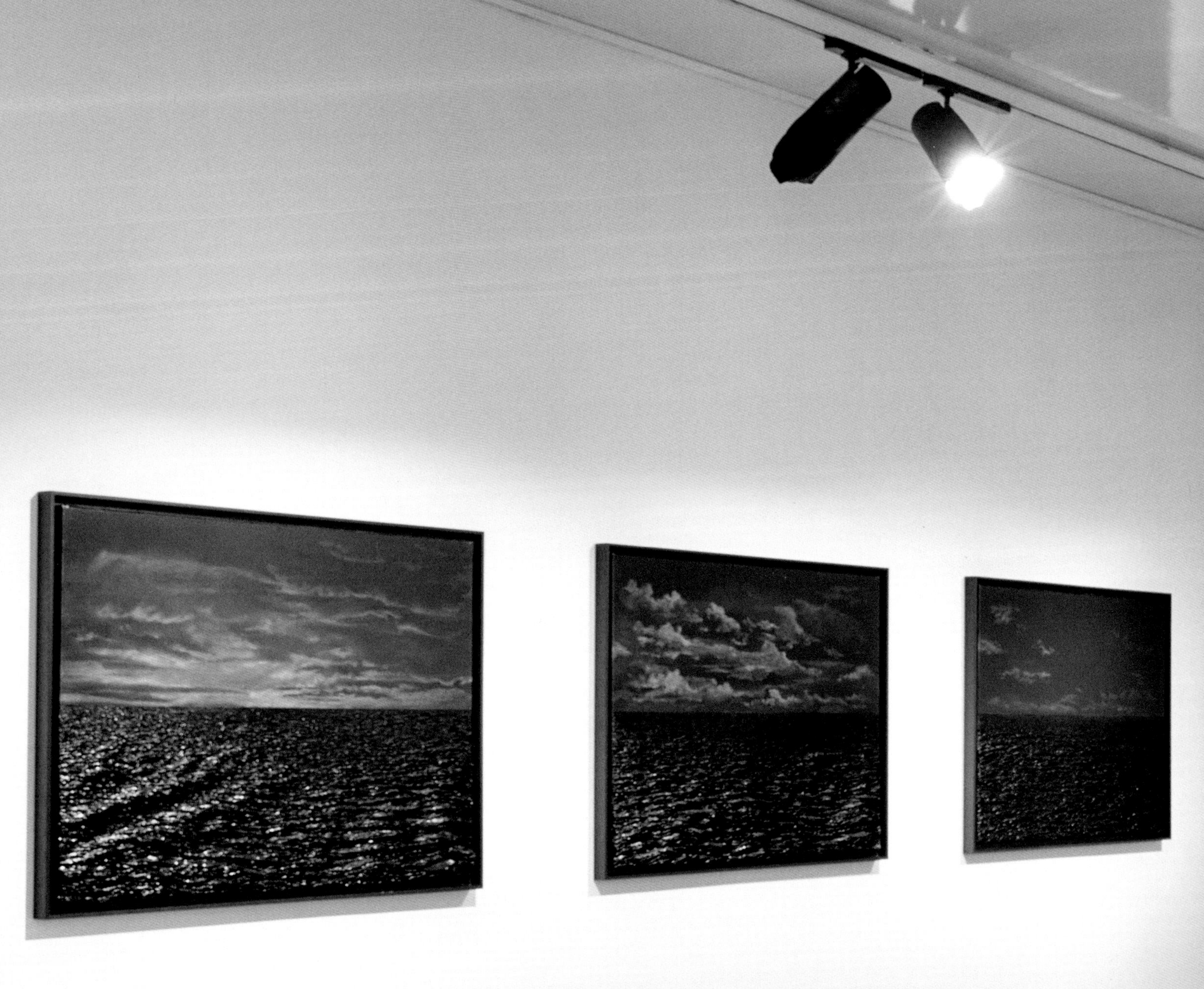

COMING THROUGH

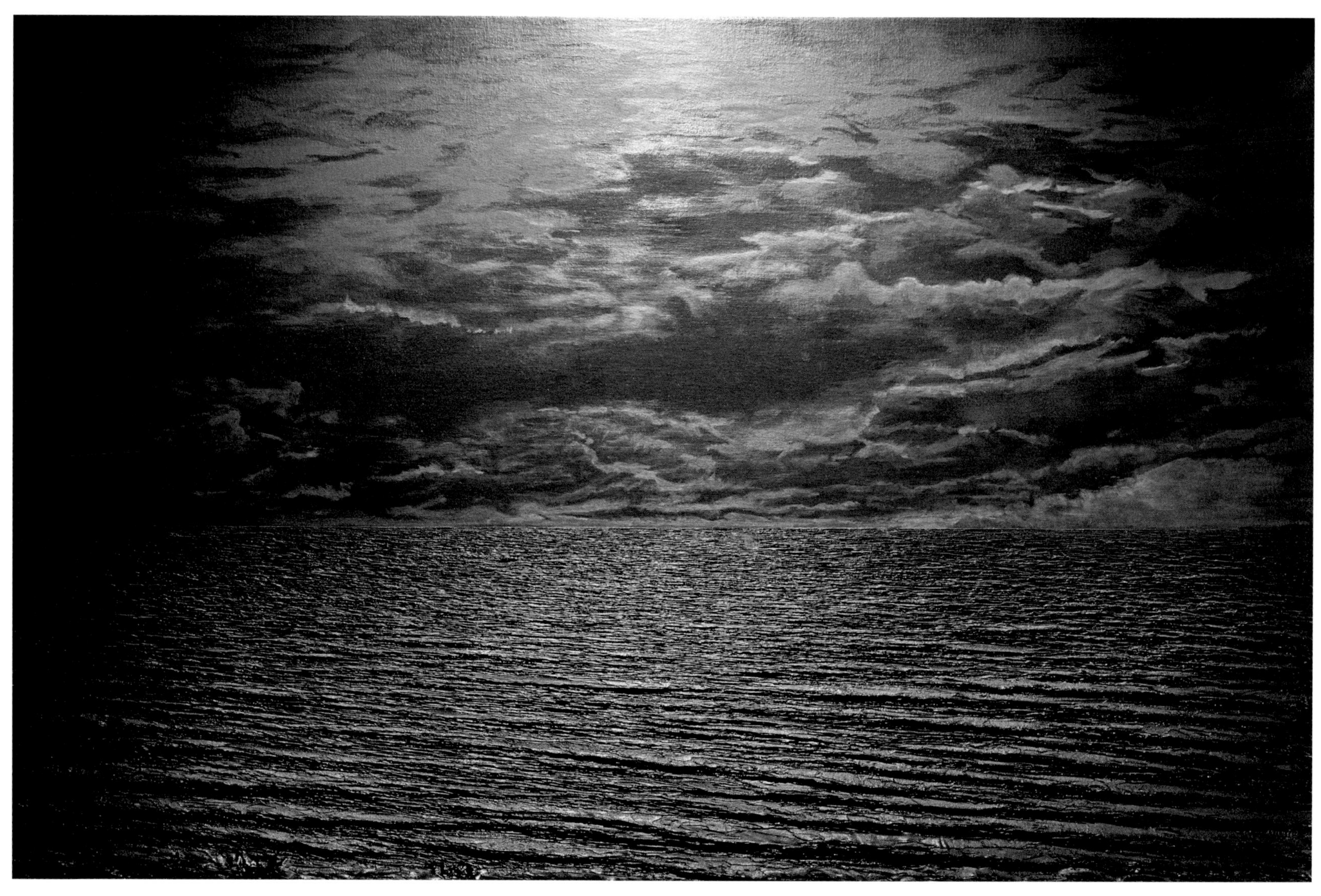

The Crossing LII, 2021

Huile, acrylique et poudre de graphite sur toile |
Oil, acrylic and graphite powder on canvas
79 × 120 cm
Collection privée | Private collection

Avec *The Crossing*, l'artiste franco-vietnamien Bao Vuong nous embarque dans une épopée esthétique et cathartique.

Dès que nos regards effleurent les masses de peinture sculptées par l'artiste, l'émotion se fait jour, puis nous submerge au gré des reflets qui suivent nos déplacements dans l'exposition ; nous faisons corps avec

In *The Crossing,* French-Vietnamese artist Bao Vuong takes us on an epic aesthetic and cathartic journey.

As soon as our eyes encounter the masses of paint sculpted by the artist, emotions arise, before submerging us, along side the reflections that follow our movements through the exhibition ; we become one with

cette matière épaisse, tumultueuse, tour à tour abrupte, généreuse, âpre, subtile et, contre toute attente, lumineuse. Devant l'immensité de l'horizon où se confondent la mer et le ciel, la beauté se révèle, la contemplation nous gagne, l'humilité s'impose.

La nuit des peintures de *The Crossing* nous renvoie à nos errements existentiels, aux épreuves traversées, aux peurs d'anéantissement, aux moments sombres que nous devons franchir. Si le point de départ est l'histoire personnelle de l'artiste, le travail de la lumière nous ramène à notre pouvoir de dépassement et de résilience.

« La traversée » de l'artiste devient la nôtre, individuelle, mais aussi collective. Ce passé partagé, comme une mer commune, nous porte avec espoir vers l'horizon, en nous faisant osciller entre ombre et lumière.

À travers nos allées et venues dans l'exposition « Coming Through », nos expériences intimes prennent sens dans la rêverie méditative de l'artiste. La dualité – présente en tout et en nous, dans nos joies et blessures, dans nos échecs et réussites, dans la vie et la mort – s'expose dans l'alternance des matières sombres et lumineuses présentes dans chacun des monochromes de Bao Vuong.

Braque disait : « L'art est une blessure qui devient lumière ». Avec *The Crossing*, Bao Vuong le démontre avec justesse et enchantement.

this thick, tumultuous material, in turn abrupt generous, harsh, subtle and, against all expectations, luminous. In front of the immensity of the horizon where the sea and the sky merge, beauty is revealed, contemplation fills us, and humility is imposed.

The night in *The Crossing*'s paintings takes us back to our existential wanderings, to the trials we have been through, to fears of annihilation, to dark moments we must overcome. If the starting point is the artist's personal history, the work with light brings us back to our power to overcome and our capacity for resilience.

The artist's "crossing" becomes our own, but also a collective one. This joint past, like a shared ocean, carries us with hope towards the horizon, as we oscillate between light and shadow.

As we wander through "Coming Through", our personal experiences become intensely meaningful in the artist's meditative reverie. Duality – present in everything and everyone of us, in our joys and wounds, in our failures and successes, in life and death – is exposed in the alternating dark and light materials used in each of Bao Vuong's monochromes.

Braque said: "Art is a wound turned into light". With *The Crossing*, Bao Vuong demonstrates this statement with accuracy and enchantment.

Anne Maquet et | and Bao Vuong

The Crossing - Departure's Night II, 2021

Huile, acrylique et poudre de graphite sur toile |
Oil, acrylic and graphite powder on canvas
190 × 240 cm
Collection privée | Private collection

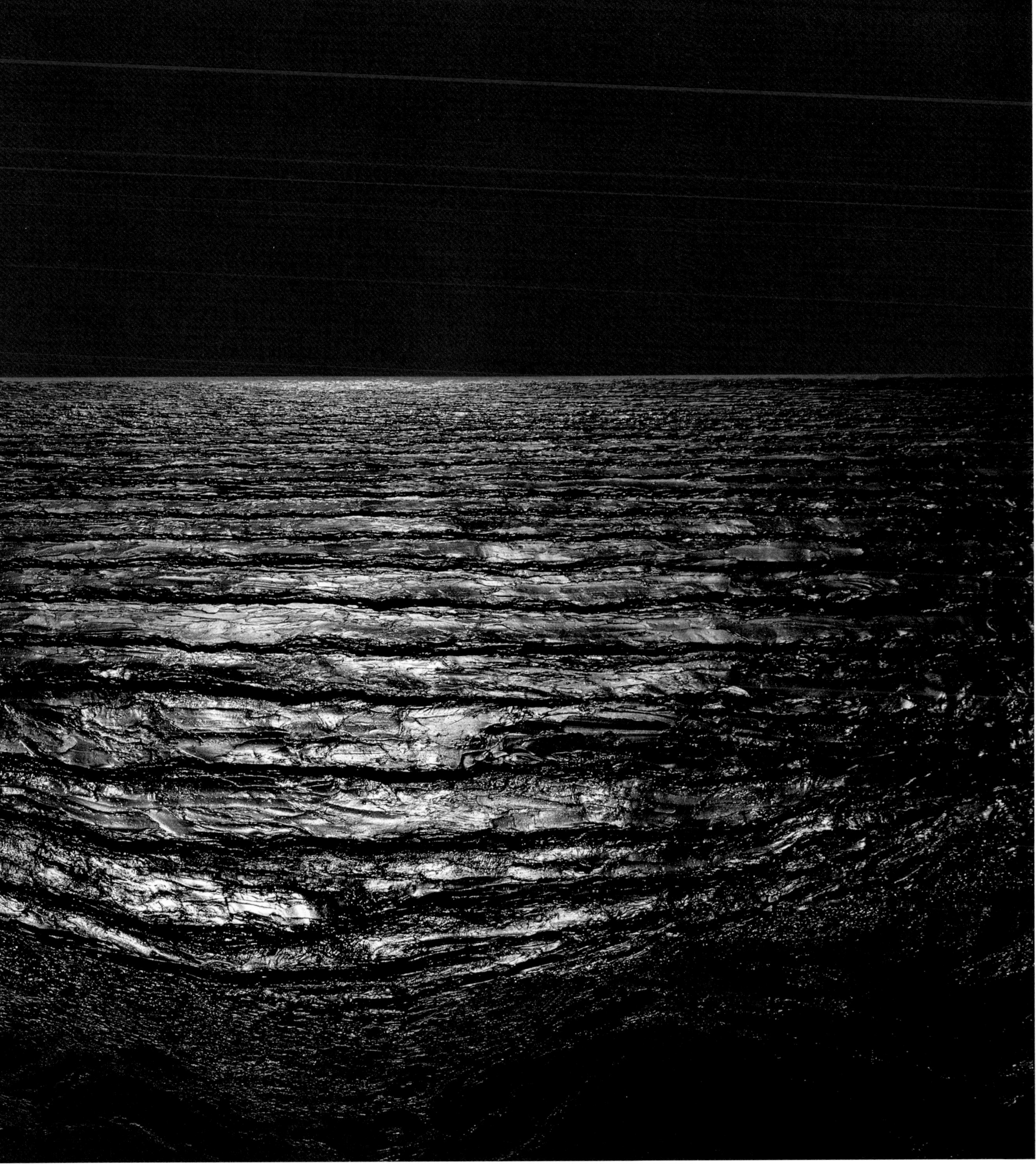

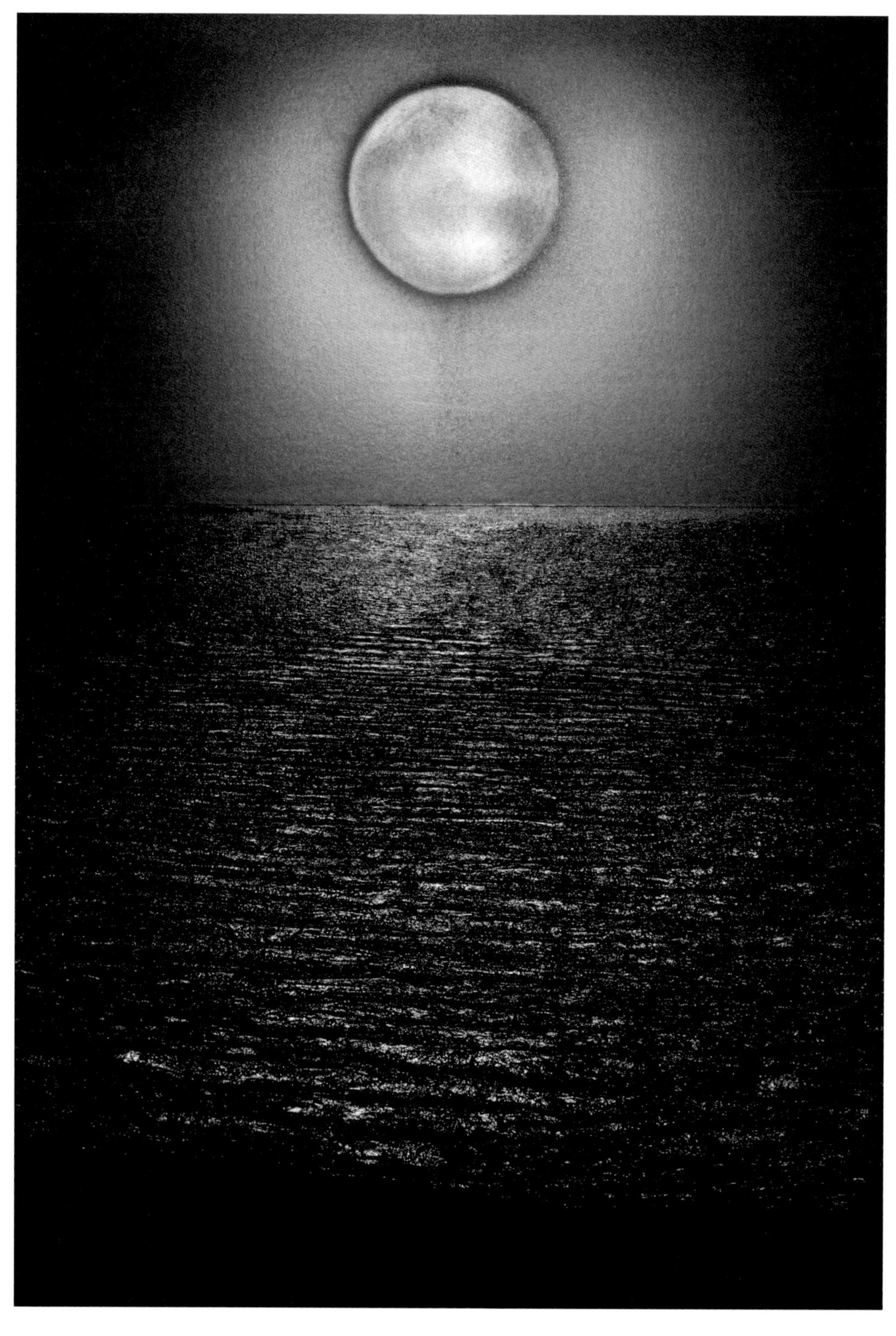

The Crossing - Lune, 2021

Huile, acrylique et poudre de graphite sur toile |
Oil, acrylic and graphite powder on canvas
210 × 140 cm
Collection privée | Private collection

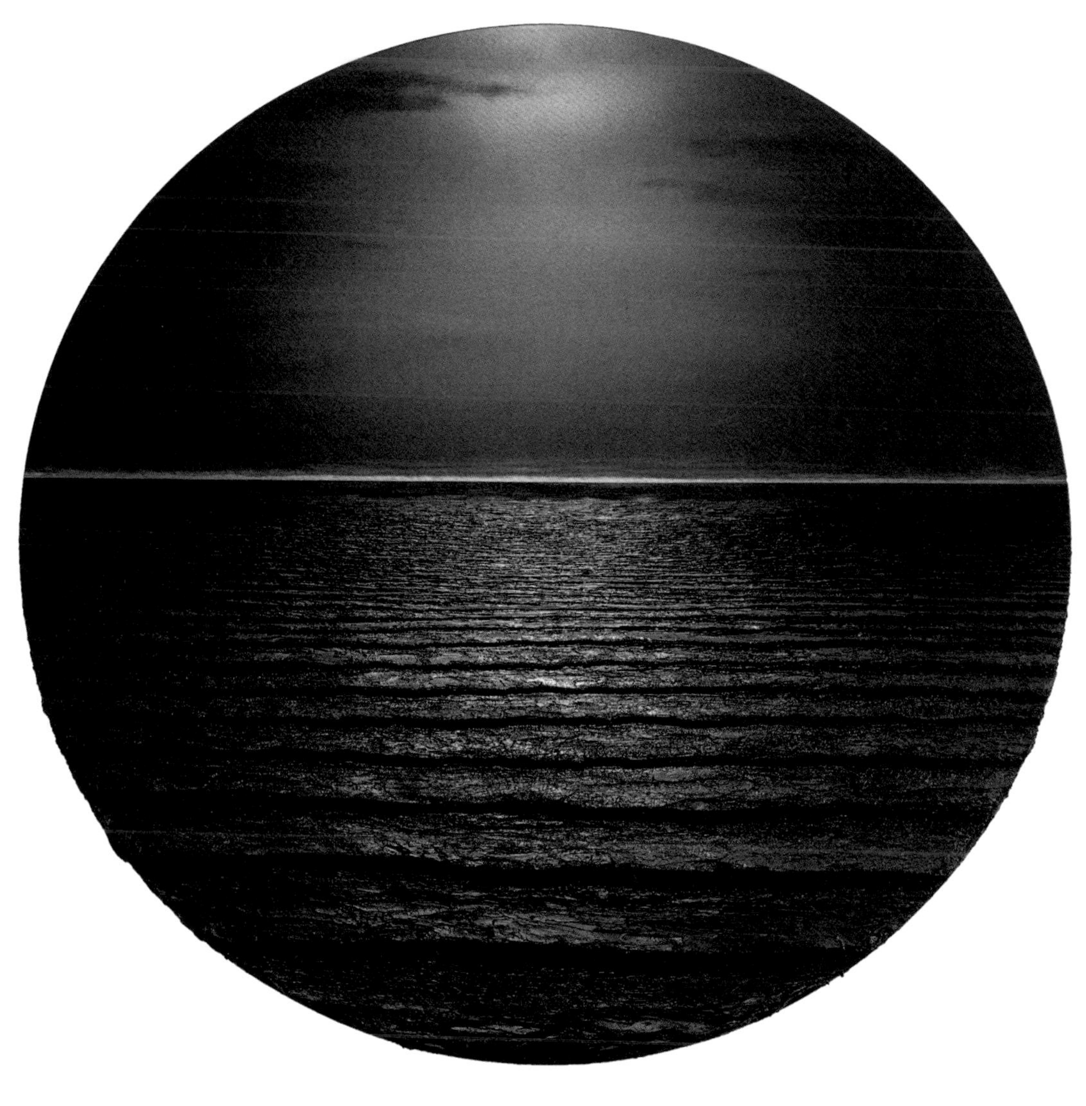

The Crossing XLIV, 2021

Huile, acrylique et feuille d'or sur toile |
Oil, acrylic and gold leaf on canvas
140 cm de diamètre | diameter
Collection privée | Private collection

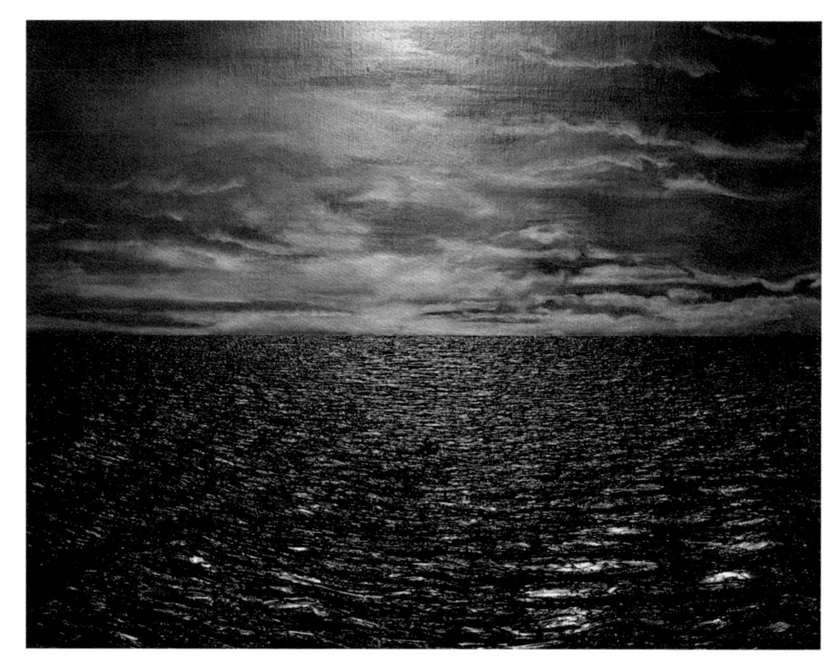

The Crossing L, 2021

Huile, acrylique et poudre de graphite sur toile |
Oil, acrylic and graphite powder on canvas
73 × 92 cm chaque panneau | each panel
Triptyque | Triptych
Collection privée | Private collection

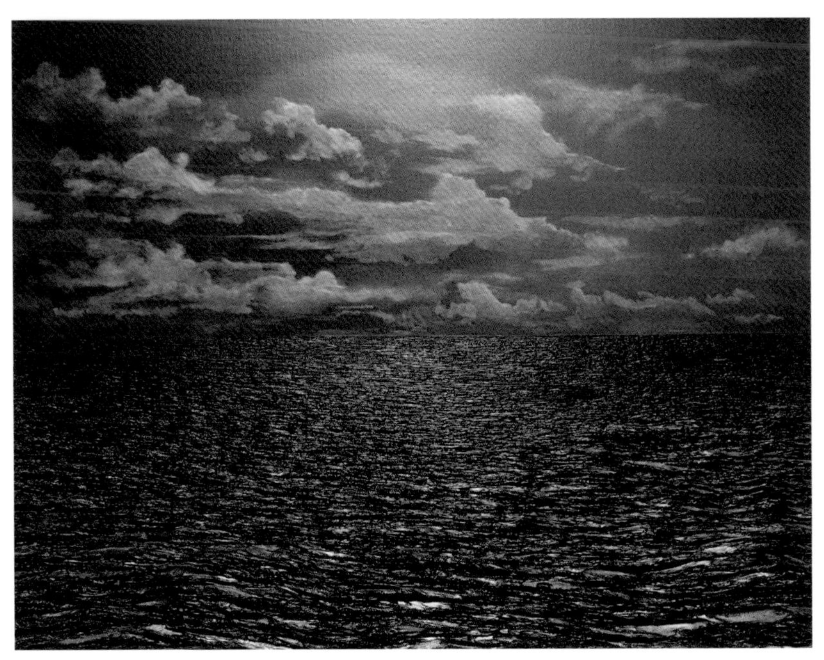

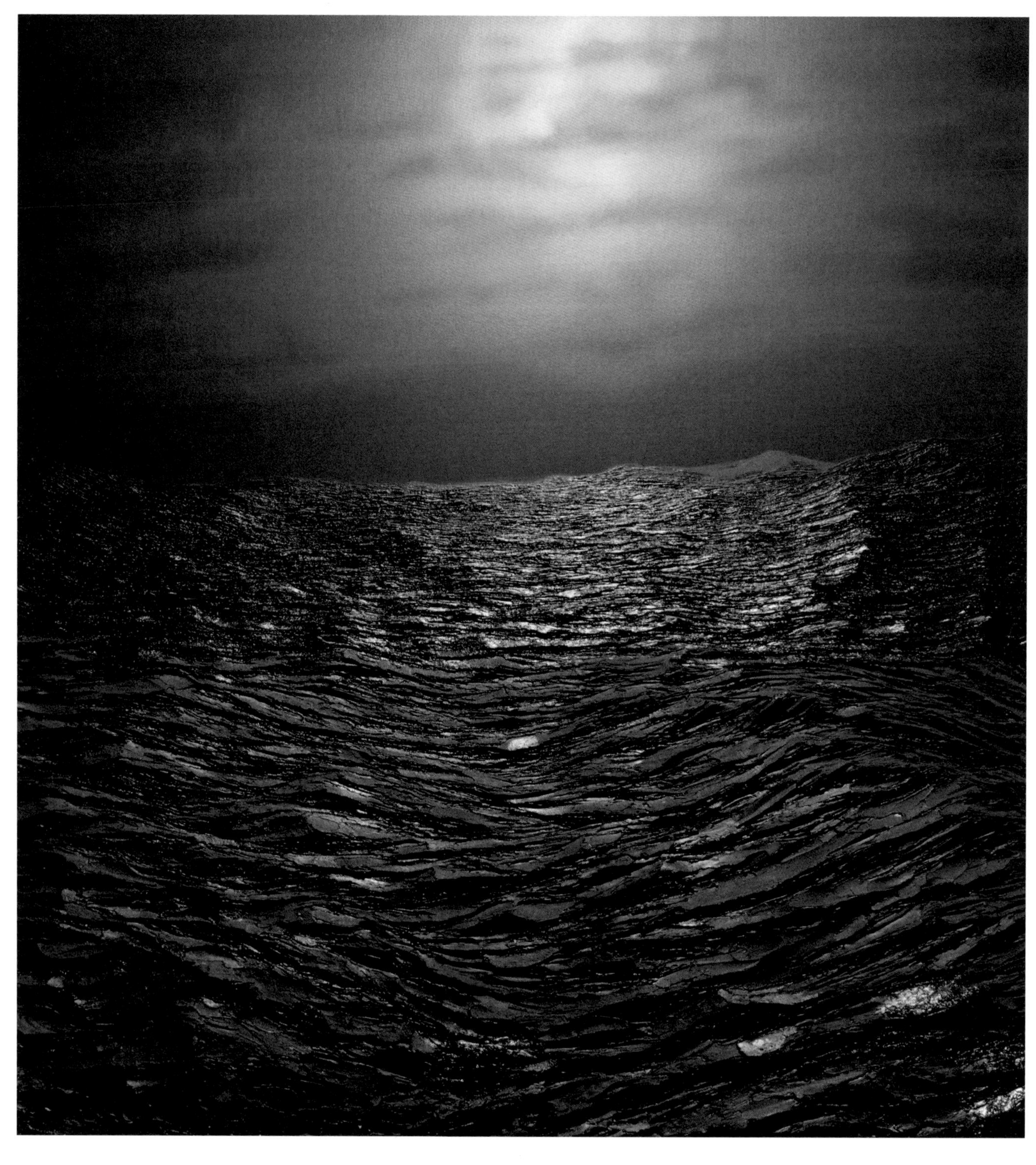

***The Crossing LIX**, 2021*

Huile et acrylique sur toile |
Oil and acrylic on canvas
180 × 160 cm
Collection privée | Private collection

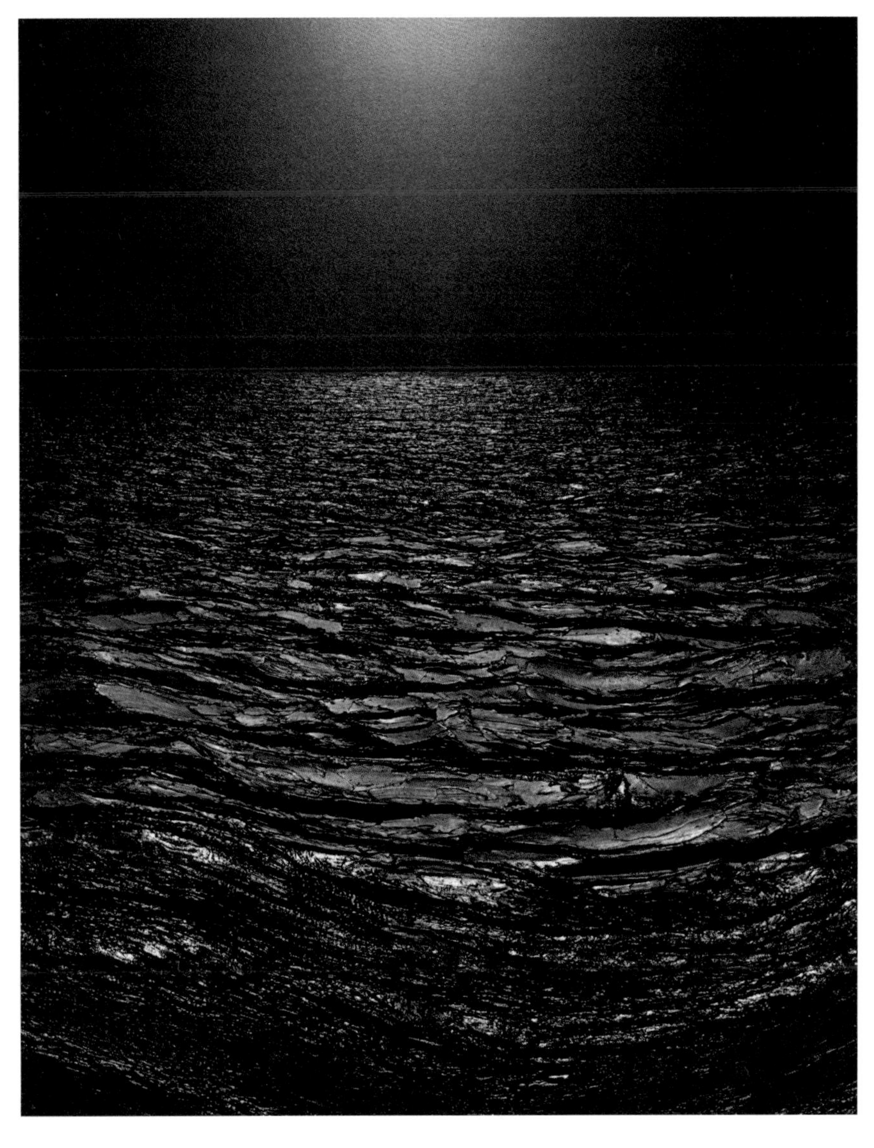

The Crossing LXII, 2021

Huile et acrylique sur toile |
Oil and acrylic on canvas
130 × 97 cm
Collection privée | Private collection

***The Crossing LVII**, 2021

Huile et acrylique sur toile |
Oil and acrylic on canvas
145 × 89 cm chaque panneau | each panel
Diptyque | Diptych
Collection privée | Private collection

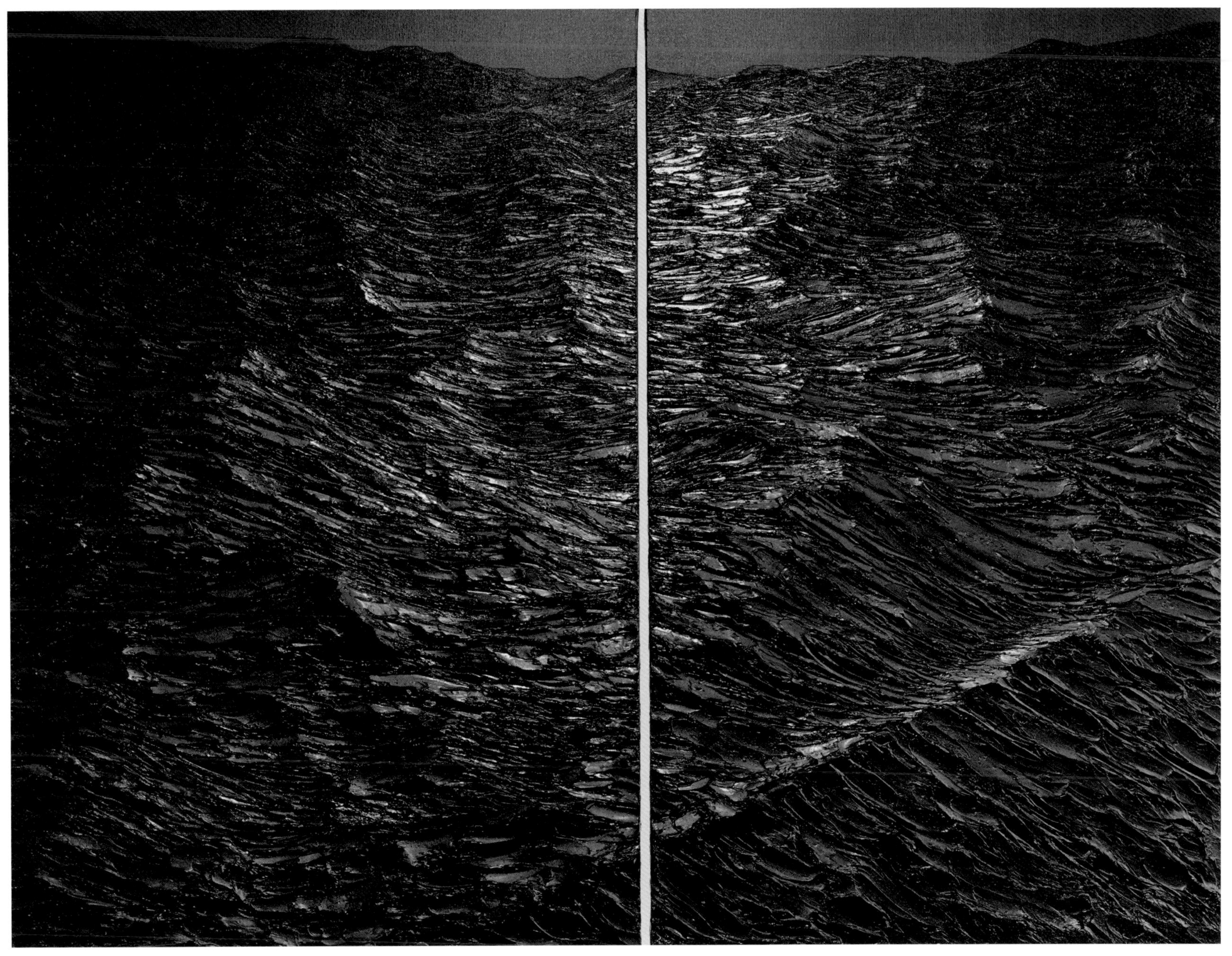

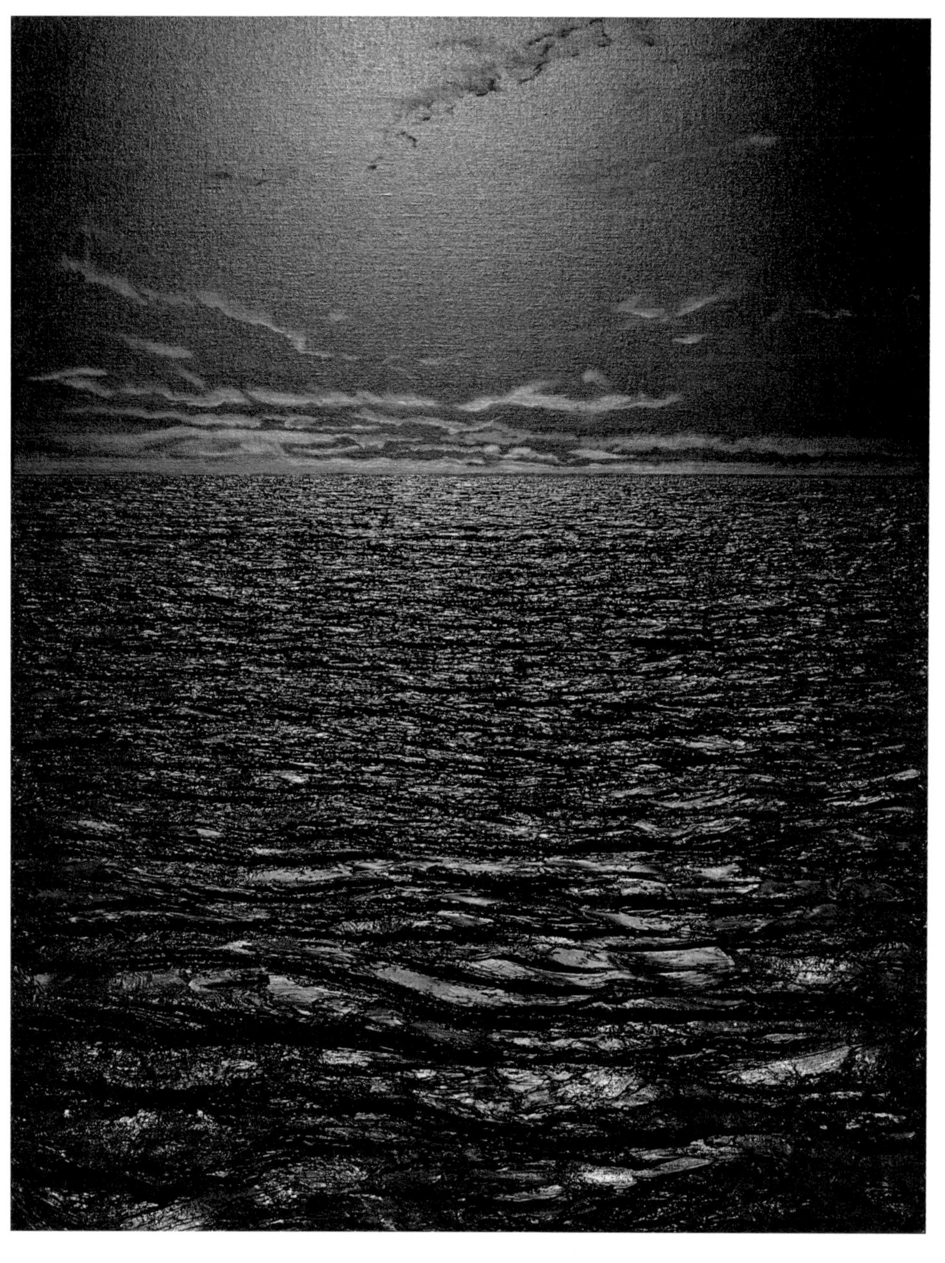

***The Crossing LV**, 2021

Huile, acrylique et poudre de graphite sur toile |
Oil, acrylic and graphite powder on canvas
100 × 73 cm
Collection privée | Private collection

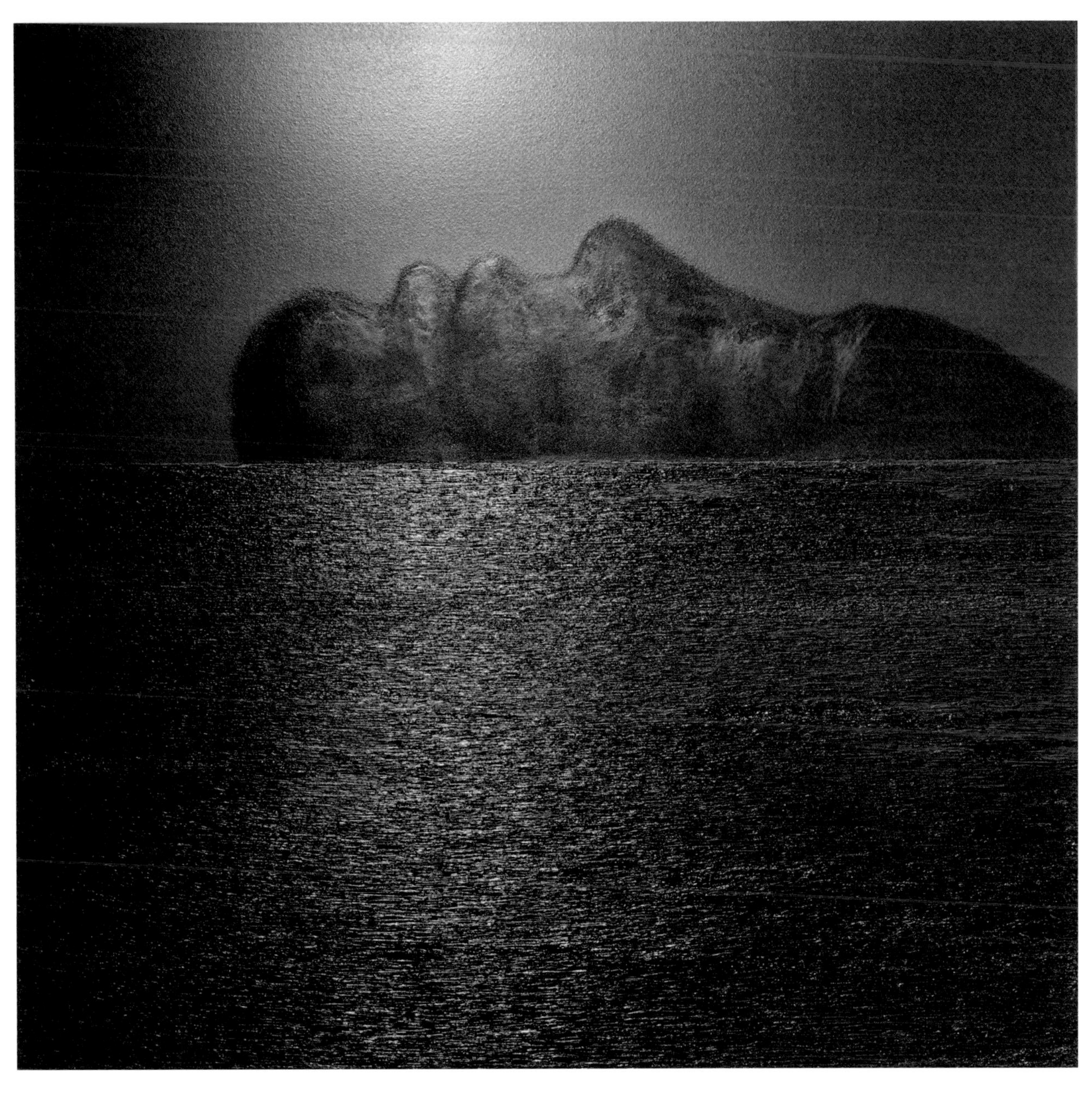

The Crossing - Mère, 2021

Huile et acrylique sur toile |
Oil and acrylic on canvas
100 × 100 cm
Collection privée | Private collection

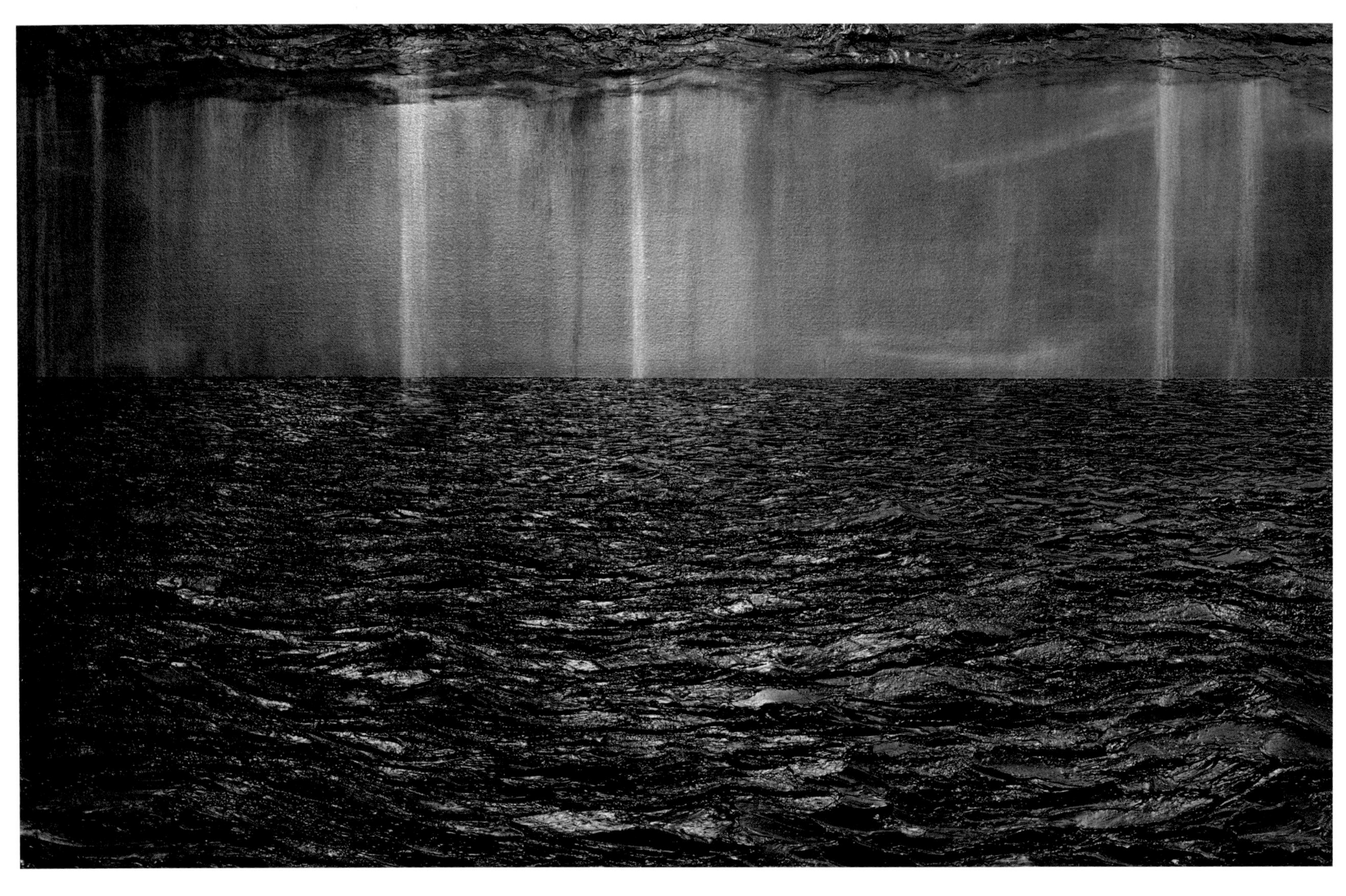

The Crossing - Sky Light, 2021

Huile, acrylique et poudre de graphite sur toile |
Oil, acrylic and graphite powder on canvas
97 × 146 cm
Collection privée | Private collection

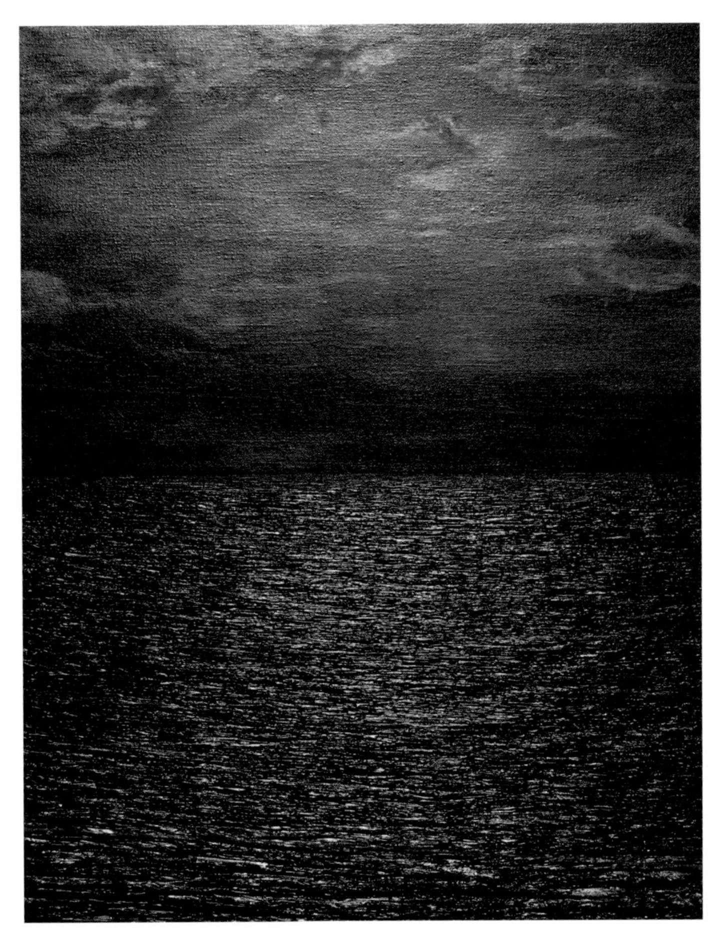

The Crossing LVIII, 2021

Huile, acrylique et poudre de graphite sur toile |
Oil, acrylic and graphite powder on canvas
50 × 45 cm
Collection privée | Private collection

The Crossing LX, 2021

Huile sur toile |
Oil on canvas
180 × 180 cm
Collection privée | Private collection

The Crossing LIV, 2021

Huile, acrylique, epoxy et feuille d'or sur toile |
Oil, acrylic, epoxy and gold leaf on canvas
80 × 80 cm
Collection privée | Private collection

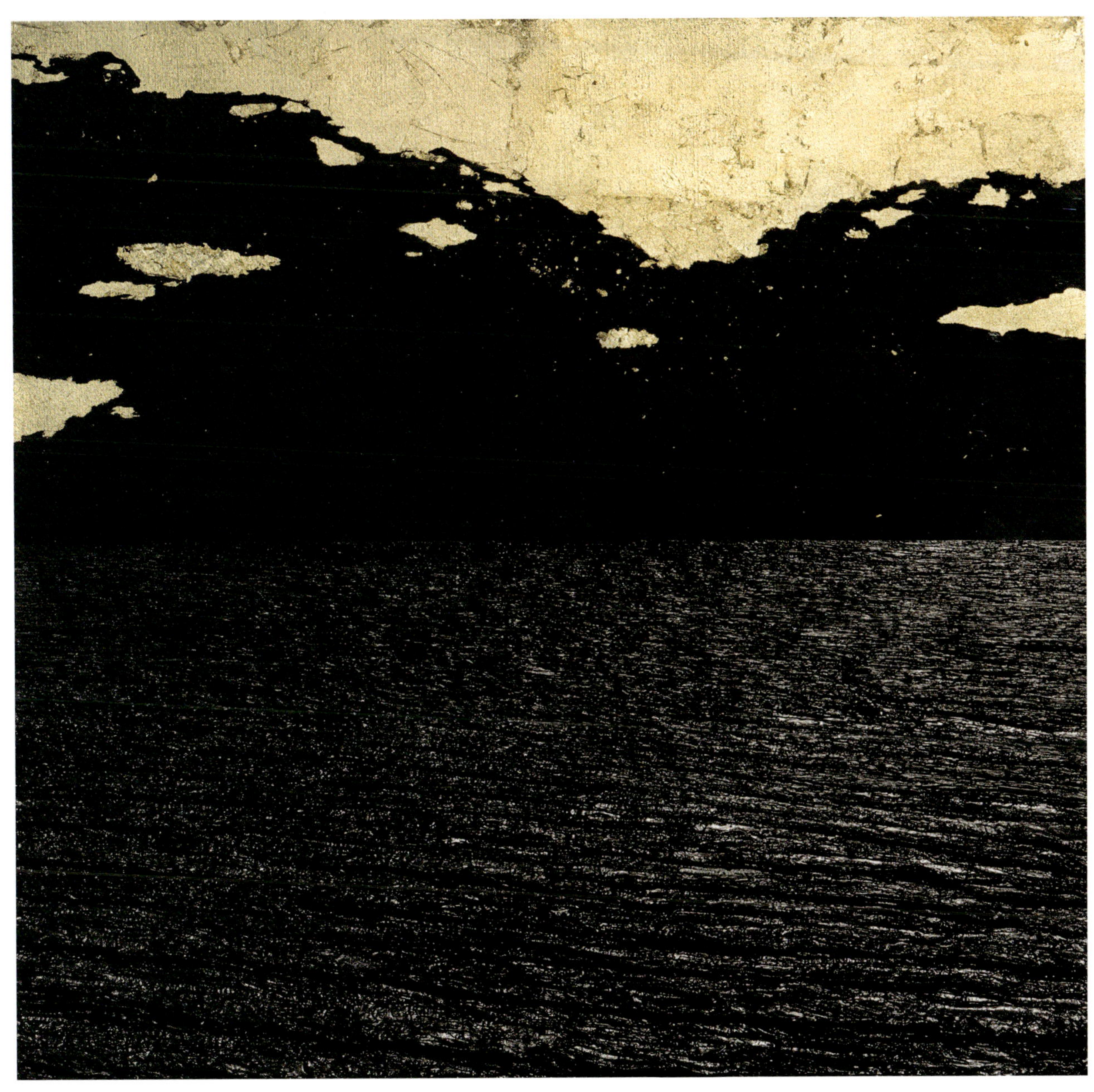

The Crossing LIII, 2021

Huile et acrylique sur toile |
Oil and acrylic on canvas
97 × 162 cm
Collection privée | Private collection

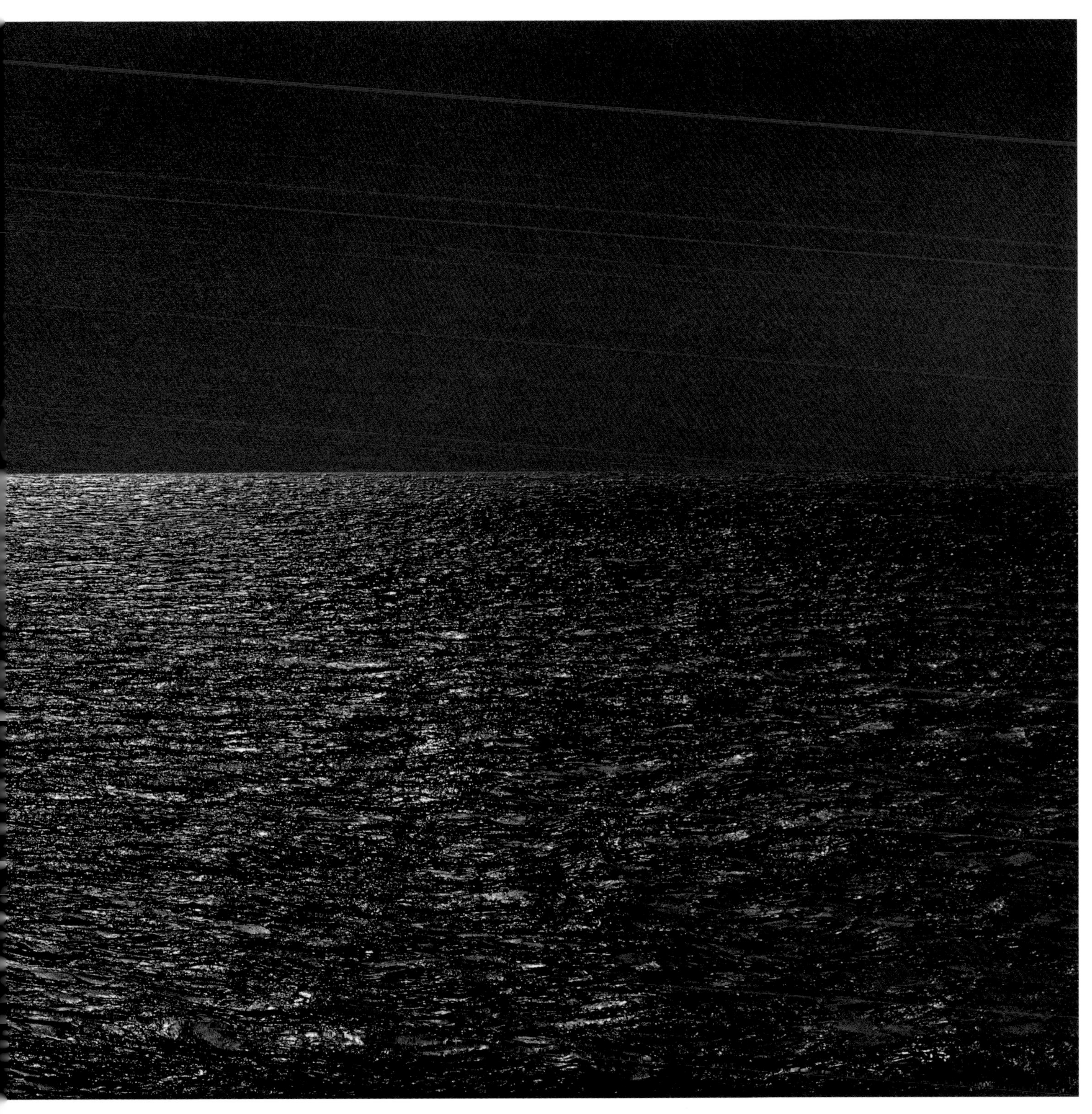

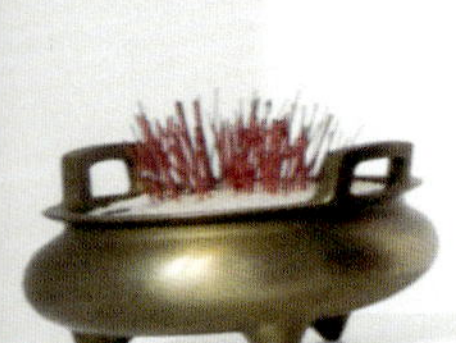
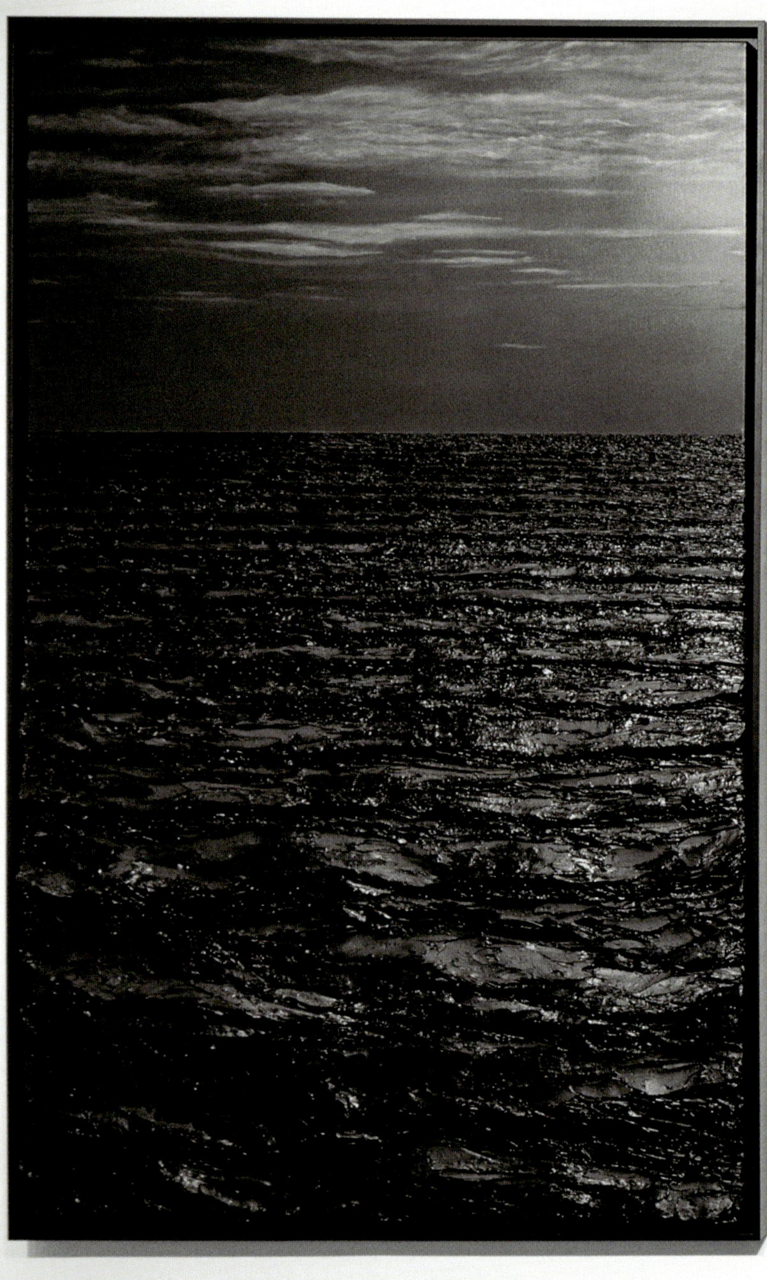
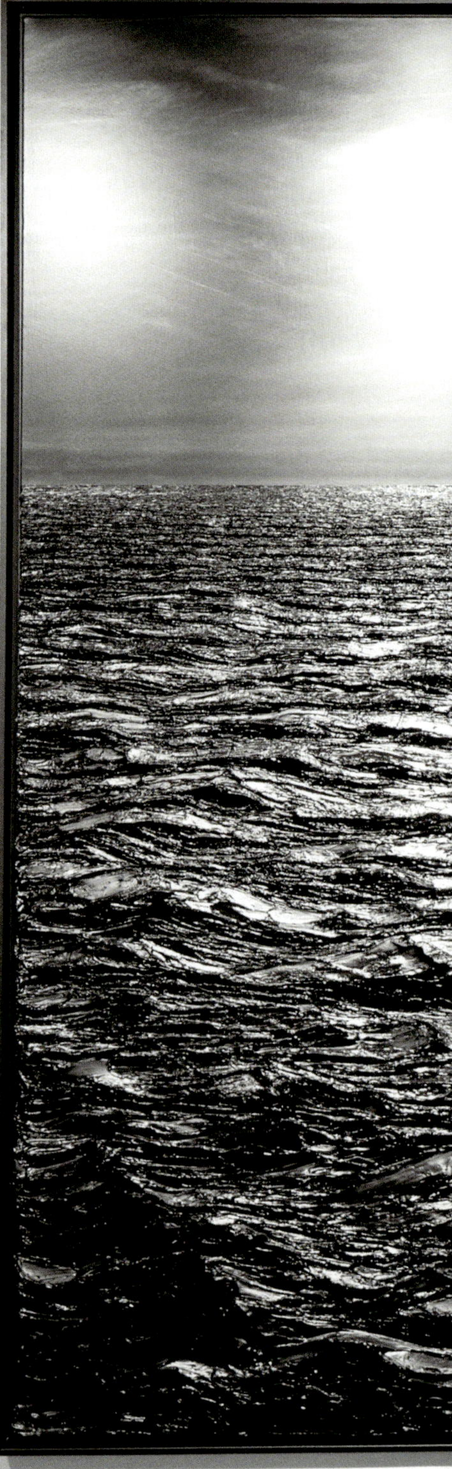
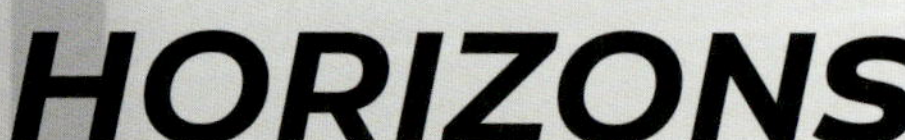

HORIZONS

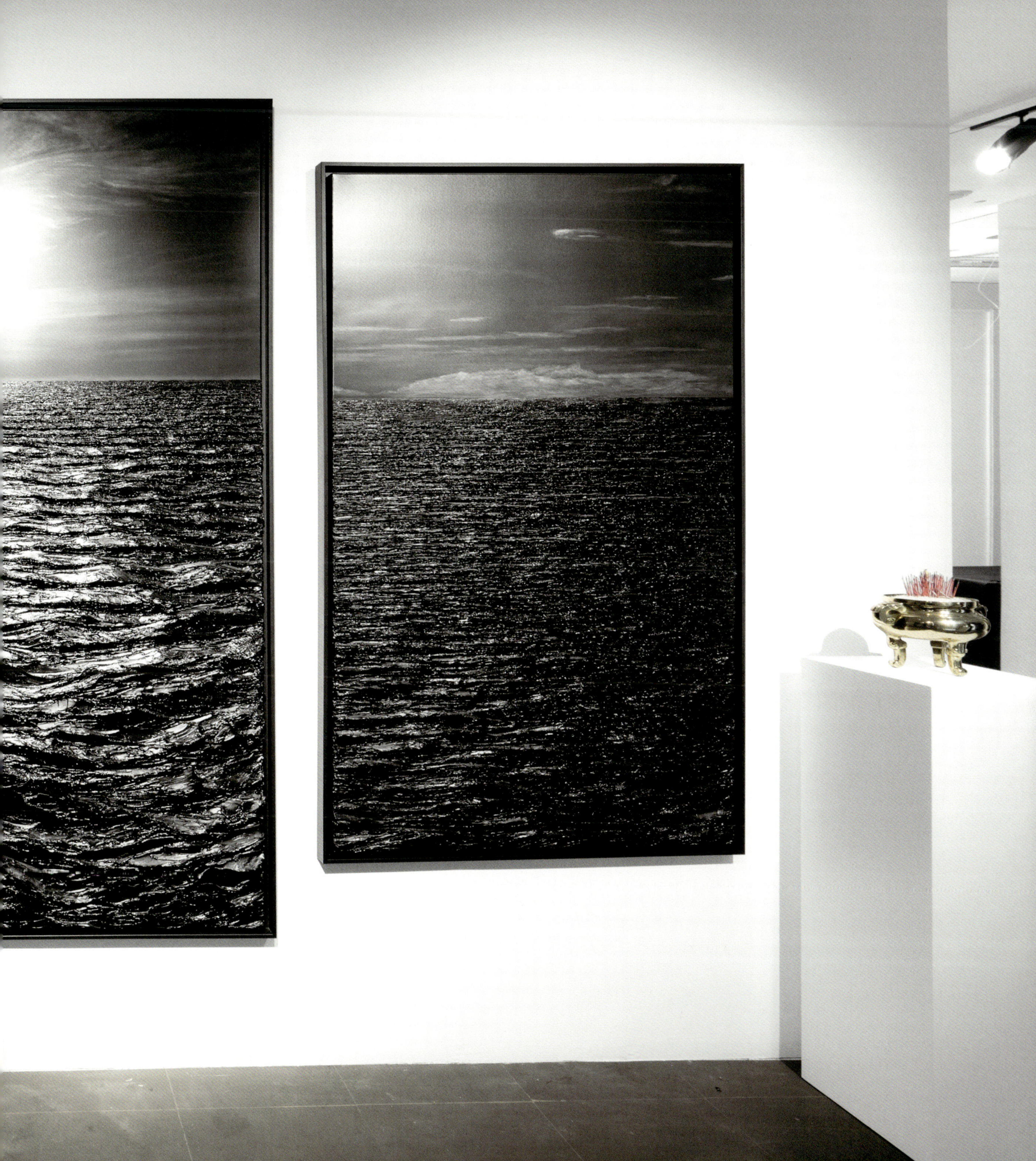

Entre ce que l'on voit et son évocation, entre le mirage et la réalité, entre la lumière et l'ombre, les tableaux de la série *The Crossing* sont une puissante recherche plastique et poétique de ce qui lie Bao Vuong à son pays perdu.

Les monochromes noirs de Bao Vuong sont au départ la projection du traumatisme de l'exil de sa famille, des nuits en haute mer vécues par d'innombrables « boat people », la même vision que connaissent des milliers de migrants à travers les siècles et chaque jour encore. S'inspirant des terreurs et des tristesses qui accompagnent l'exil, Bao Vuong utilise de grandes masses de peinture noire qu'il sculpte, dessinant avec minutie chaque vague comme une litanie, un mantra.

En nous déplaçant face aux toiles du peintre, nous vivons une expérience visuelle et introspective. Les reflets sur ces reliefs noirs nous rappellent à notre lumière intérieure, celle même qui nous guide dans les moments les plus sombres de nos vies et nous pousse à avancer.

Pour cette nouvelle exposition « Horizons », Bao Vuong a rajouté la matière de l'encens. Dans ses tableaux, sous forme de cendre, l'encens figure les nuages qui cachent la lumière des astres.

Dans le rituel des ancêtres – une tradition encore bien présente dans tous les foyers vietnamiens – la fumée d'encens est le véhicule entre les vivants et les défunts, un lien entre les hommes et l'au-delà. Sur les tableaux, la cendre d'encens est le reste palpable de cet acte sacré, la trace de nombreuses prières, la trace du souhait d'un lendemain meilleur ; mais elle est aussi la trace de ceux qui sont partis pour toujours et ne reviendront plus.

Between what we see and what we would like to see, between mirage and reality, between light and shadow, between the full and the empty, the paintings in *The Crossing* series are a powerful and poetic exploration of what binds Bao Vuong to his lost country.

His black monochromes are the projection of the trauma of his family's exile, nights on the high seas encountered by thousands of "boat people", the same vision experienced by countless migrants to this day. Inspired by the terrors and sadness that accompany exile, Bao Vuong uses large masses of black paint, with which he painstakingly sculpts and draws each wave like a litany, a mantra.

As we move between the painter's canvases, our experience is both visual and introspective. The reflections on these black reliefs remind us of our inner light, the very one that guides us in the darkest moments of our lives and pushes us to move forward.

For this new exhibition "Horizons", Bao Vuong has added incense sticks. In the form of burnt ashes in the paintings, the incense represents the clouds which sometimes hide the light of the stars.

In the ritual of the ancestors – a tradition still very present in all Vietnamese homes – the incense smoke is the vehicle between the living and the dead, a link between human life and the beyond. Here on the paintings, the incense ashes are the palpable remains of this sacred act, of many prayers, of the wish for a better tomorrow; but also of those who are gone forever and will never return.

Mathieu Dufourg et | and Bao Vuong

The Crossing CXV, 2022

Huile, acrylique, poudre de graphite et cendre d'encens sur toile |
Oil, acrylic, graphite powder and incense stick ash on canvas
60 × 81 cm
Collection privée | Private collection

***The Crossing C**, 2022

Huile, acrylique et feuille d'or sur toile |
Oil, acrylic and gold leaf on canvas
197 × 263 cm
Collection privée | Private collection

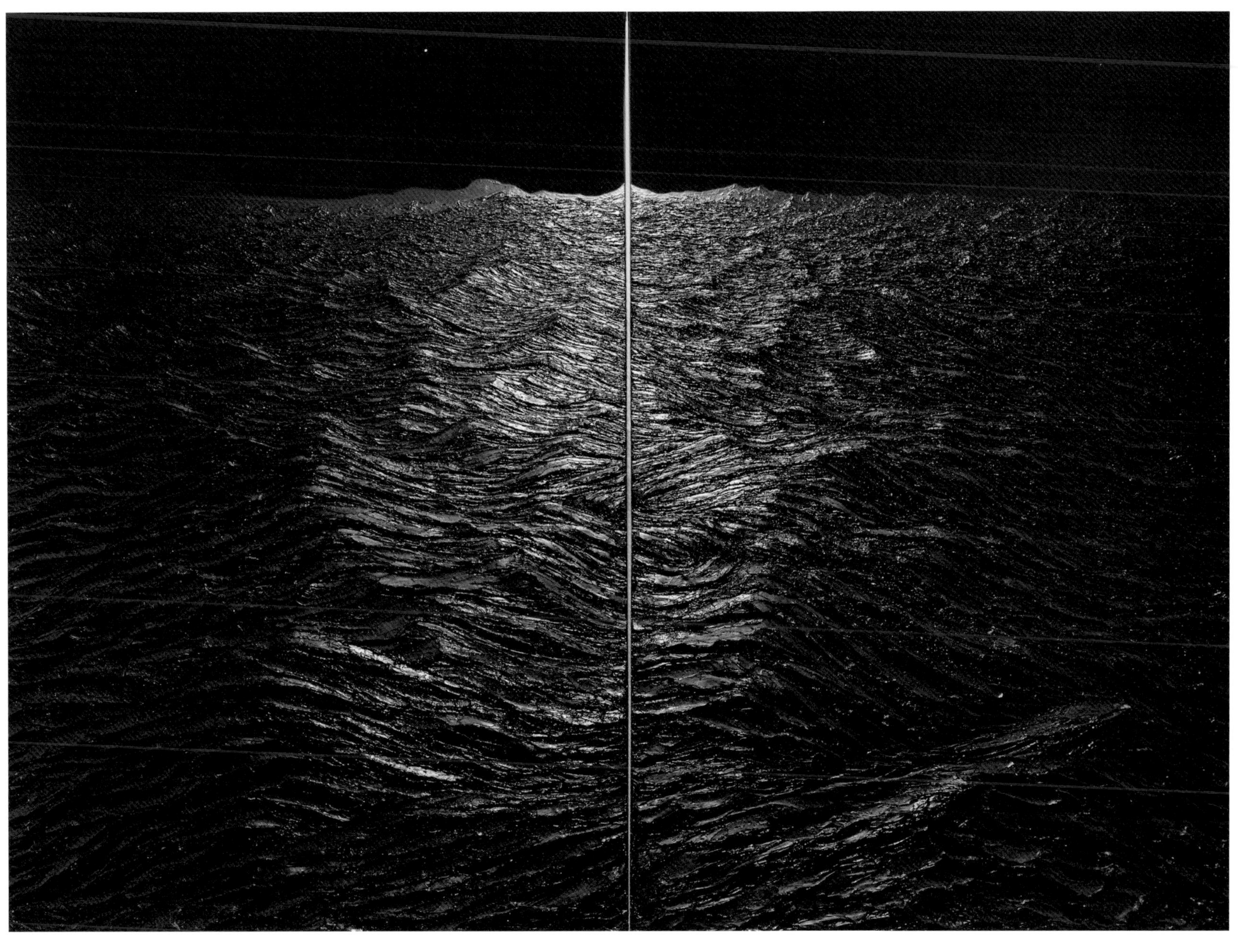

***The Crossing CXXIV**, 2022*

Huile, acrylique et poudre de graphite sur toile |
Oil, acrylic and graphite powder on canvas
150 cm de diamètre | diameter
Collection privée | Private collection

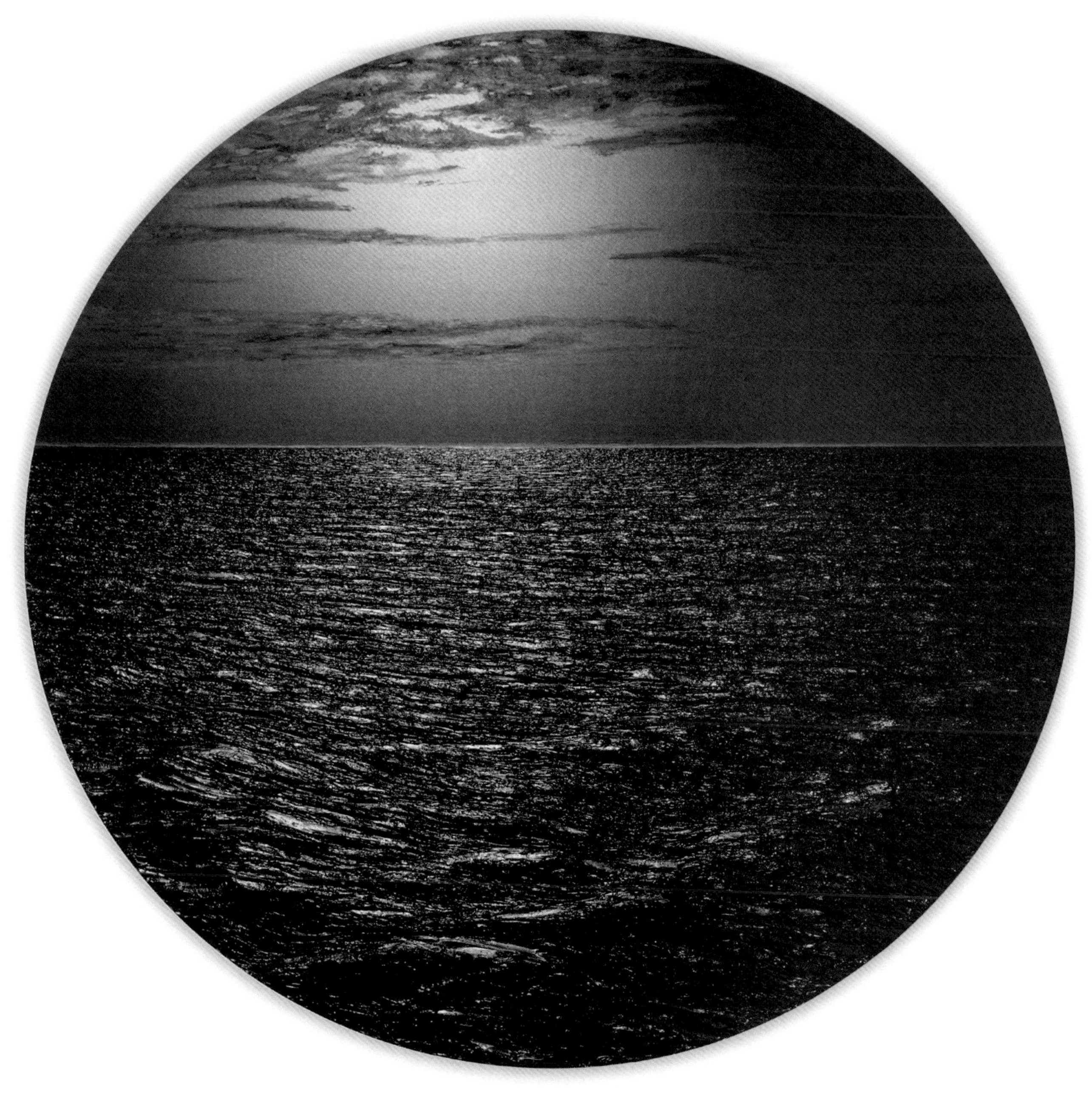

The Crossing - L'avancée, 2022

Huile et feuille d'or sur bois |
Oil and gold leaf on wood
80 × 60 cm
Collection privée | Private collection

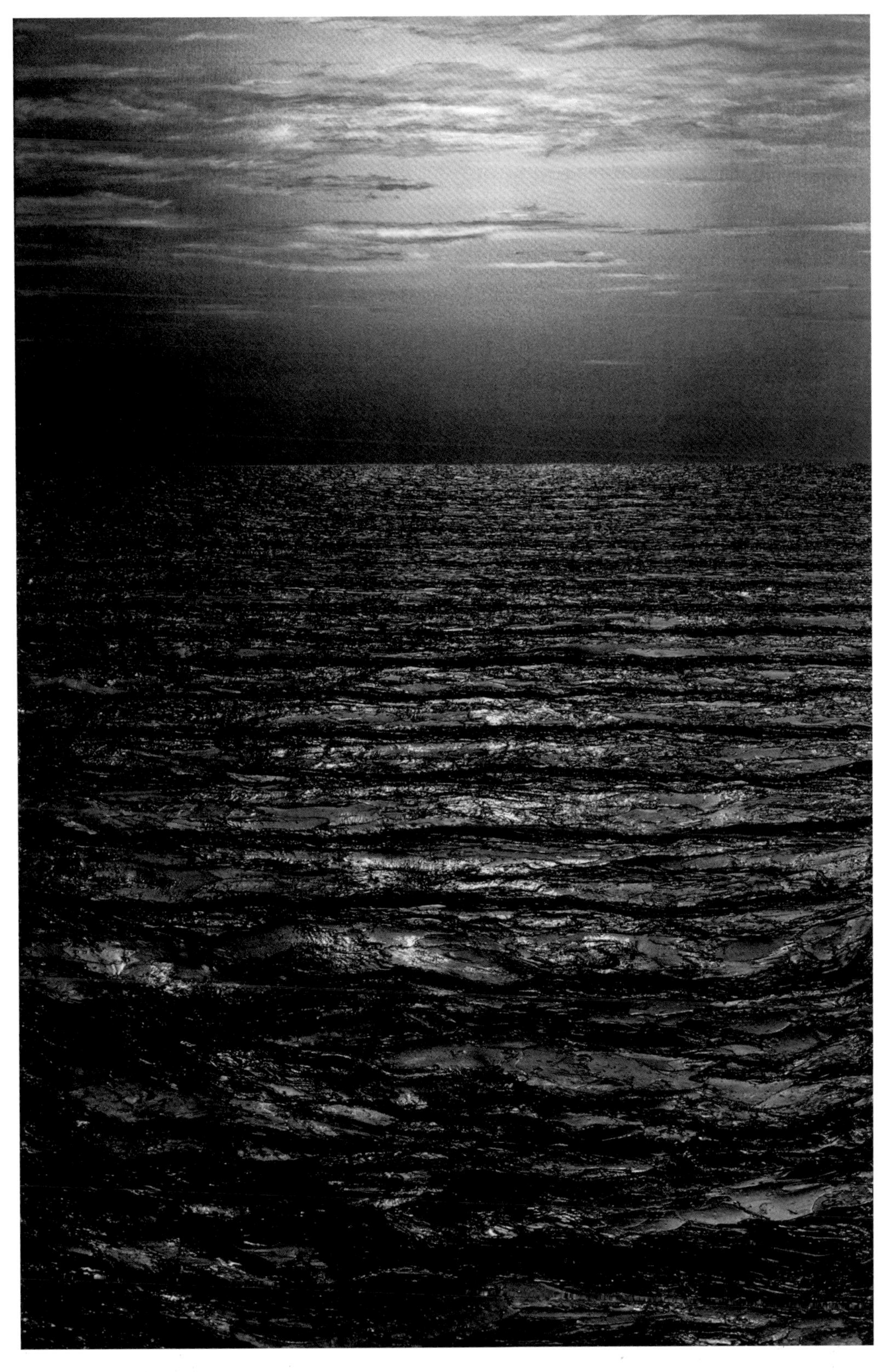

The Crossing CXXI, 2022

Huile, acrylique, poudre de graphite et cendre d'encens sur toile |
Oil, acrylic, graphite powder and incense stick ash on canvas
162 × 97 cm
Collection privée | Private collection

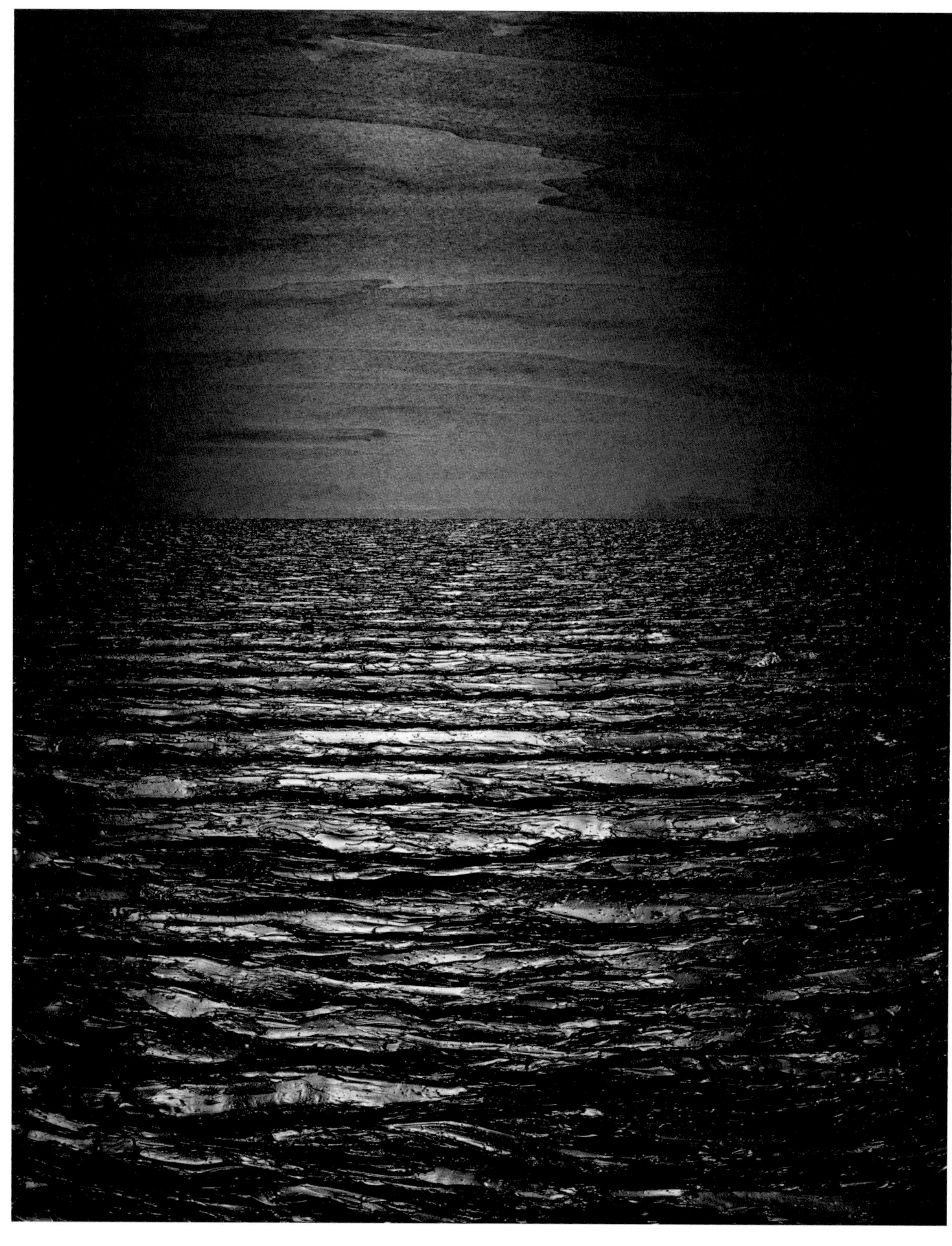

***The Crossing CXXVIII**, 2022*

Huile et acrylique sur bois |
Oil and acrylic on wood
116 × 89 cm
Collection privée | Private collection

Page suivante | Next page
***The Crossing CXIX**, 2022*

Huile et feuille d'or sur bois |
Oil and gold leaf on wood
122 × 250 cm
Collection privée | Private collection

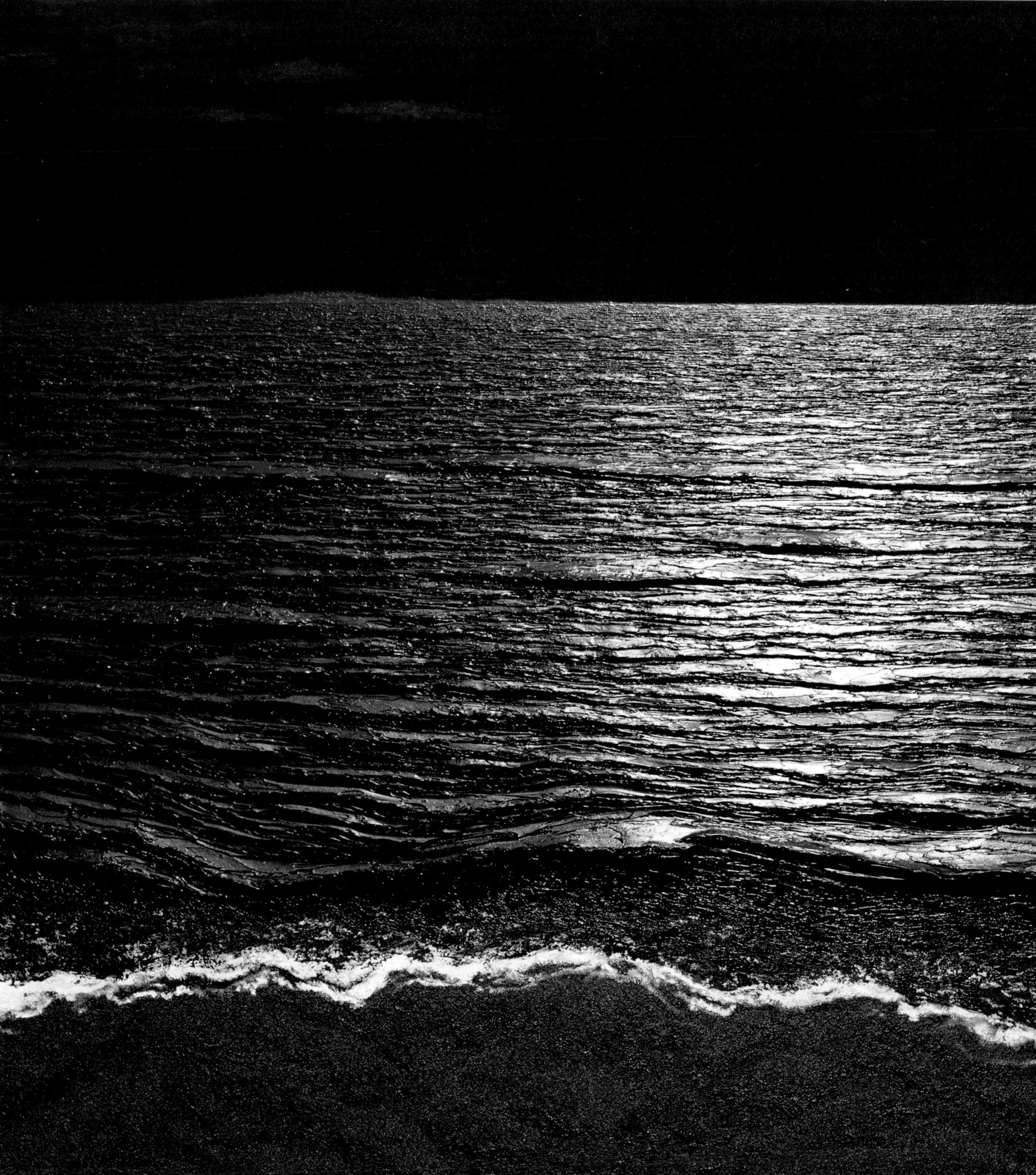

***The Crossing CXXV*, 2022**

Huile, acrylique et poudre de graphite sur toile |
Oil, acrylic and graphite powder on canvas
210 × 250 cm
Collection privée | Private collection

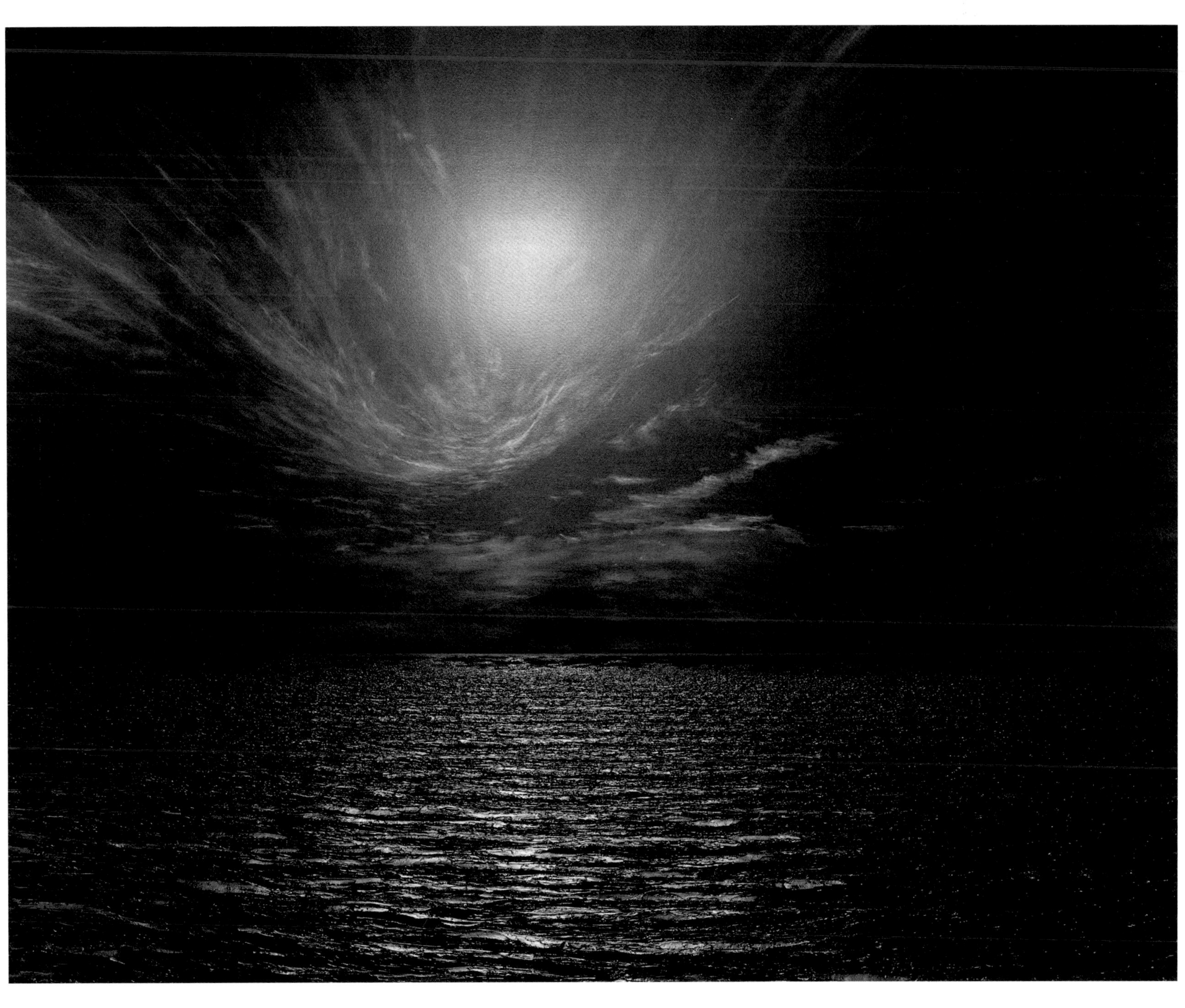

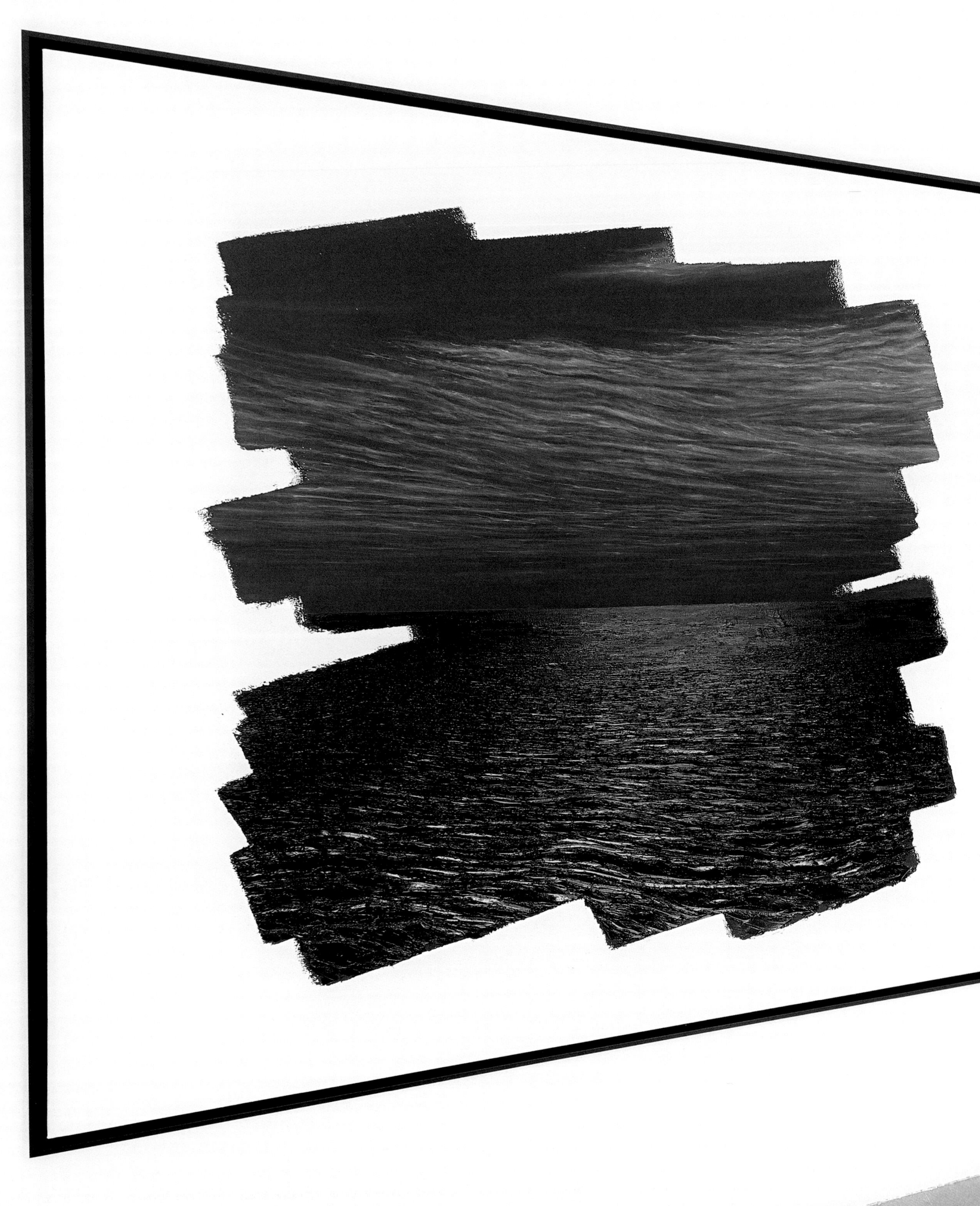

NƯỚC

Nước, cela veut dire eau en vietnamien.

Nước a été le premier mot que Bao Vuong a prononcé, à l'âge d'un an et demi, dans le bateau sur lequel lui et sa famille étaient à la dérive depuis plusieurs jours, sans vivres, sans moteur, sans eau potable, au moment même où un nuage, enfin, a déversé sa pluie tant espérée sur l'embarcation et a sauvé la vie des rescapés.

Nước a été le cri d'un enfant qui va « vivre ». C'est aussi aujourd'hui celui d'un artiste qui témoigne des nombreux enjeux géopolitiques, migratoires et écologiques liés à cette ressource indispensable à la planète, et autour de laquelle se profilent maints conflits et menaces humanitaires. Il invite, dans la contemplation organique et poétique de son geste sensible, à nous ressaisir des liens intimes, naturels et ancestraux qui nous rattachent à notre environnement.

Nước, cela veut également dire pays en vietnamien.

Nước désigne dans un même temps ce qui sépare et ce qui est séparé, les océans qui isolent et tiennent éloignés les pays les uns des autres, les peuples et leurs cultures. Mais l'eau des mers est ce qui permet aussi de se rejoindre, de se retrouver, de faire le chemin l'un vers l'autre. Devant elle, chacun doit trouver le courage nécessaire pour avancer malgré les vagues, les tempêtes, et vaincre la distance à franchir qui le sépare encore de la rive, du repos, d'un pays nouveau.

Par la force évocatrice de ses toiles, Bao Vuong nous rappelle que si la mer semble en effet diviser le monde en plusieurs

Nước means "water" in Vietnamese.

Nước was the first word Bao Vuong uttered, at the age of one and a half, in the boat on which he and his family had been adrift for several days, with no food, no engine, no drinking water, at the very moment when a cloud, at last, poured its long-awaited rain on the boat and saved the refugees' lives.

Nước was the cry of a child who was going to "live". Today, it is also the cry of an artist who bears witness to the many geopolitical, migratory and ecological issues linked to this essential resource for the planet, and around which many conflicts and humanitarian threats loom. He invites us, through the natural and poetic contemplation of his sensitive gesture, to re-engage with the intimate, natural and ancestral links that connect us to our environment.

Nước also means "country" in Vietnamese.

Nước refers both to what separates and what is separated, the oceans that isolate and keep apart countries, peoples and their cultures. But the water of these seas is also what makes it possible to come together, to find each other again, to make our way towards each other. Before it, each of us must find the courage to move forward despite the waves and storms, and overcome the distance that still separates us from the shore, from rest, from a new land.

Through the evocative power of his canvases, Bao Vuong reminds us that while the sea does indeed seem to divide the world into many parts, it is what unites

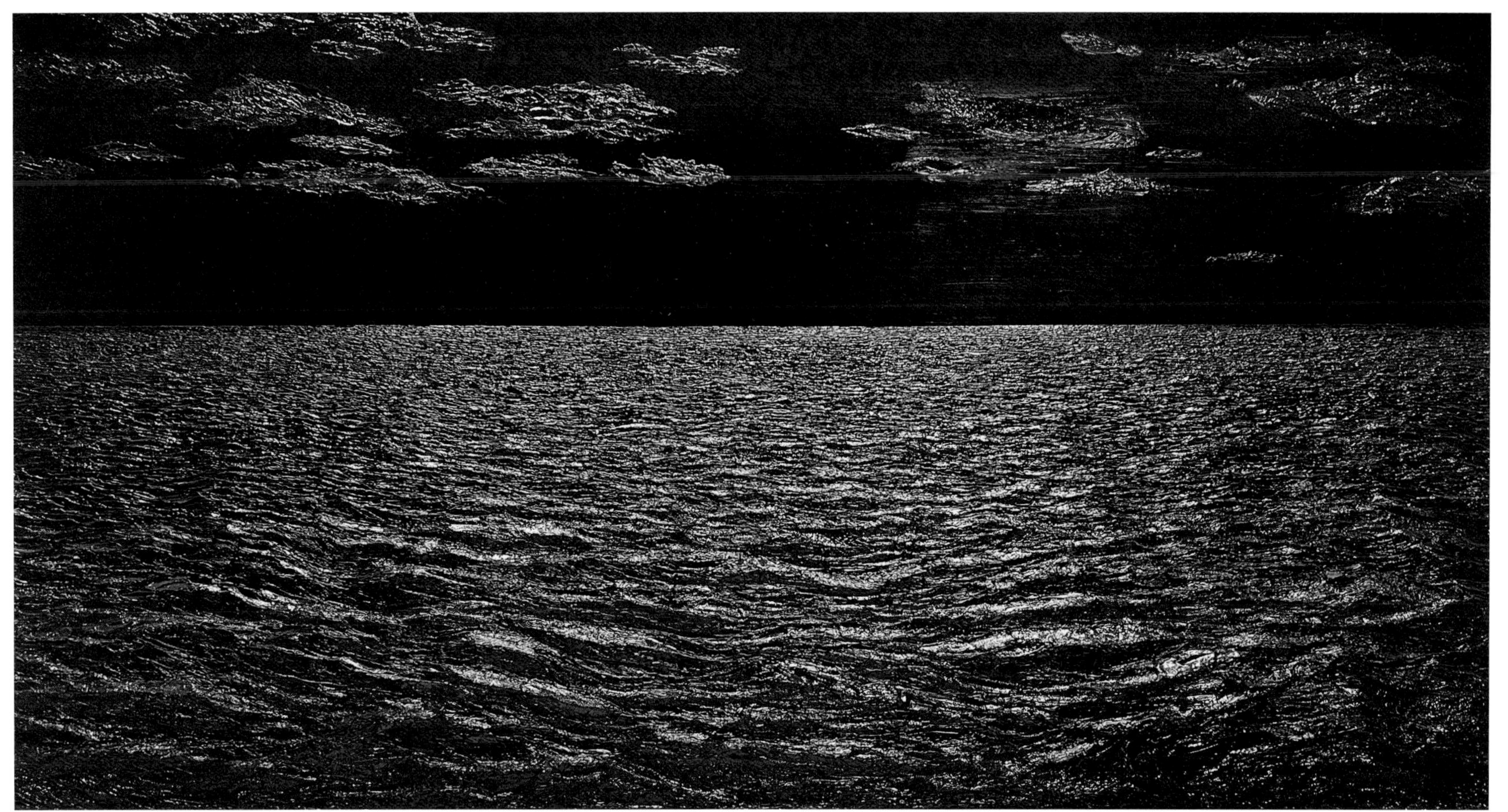

The Crossing CXLVII, 2023

Huile sur bois |
Oil on wood
100 × 180 cm
Collection privée | Private collection

parties, elle est ce qui réunit les hommes, dans leur ressemblance face aux difficultés de l'existence et leur volonté à les surmonter.

Il nous dit en peignant : « Quand je m'identifie à l'océan, je sais que je ne peux pas me noyer ».

people, in their similarity in the face of life's difficulties and their will to overcome them.

As he paints, he says: "When I identify with the ocean, I know I can't drown".

Mathieu Dufourg et | and Bao Vuong

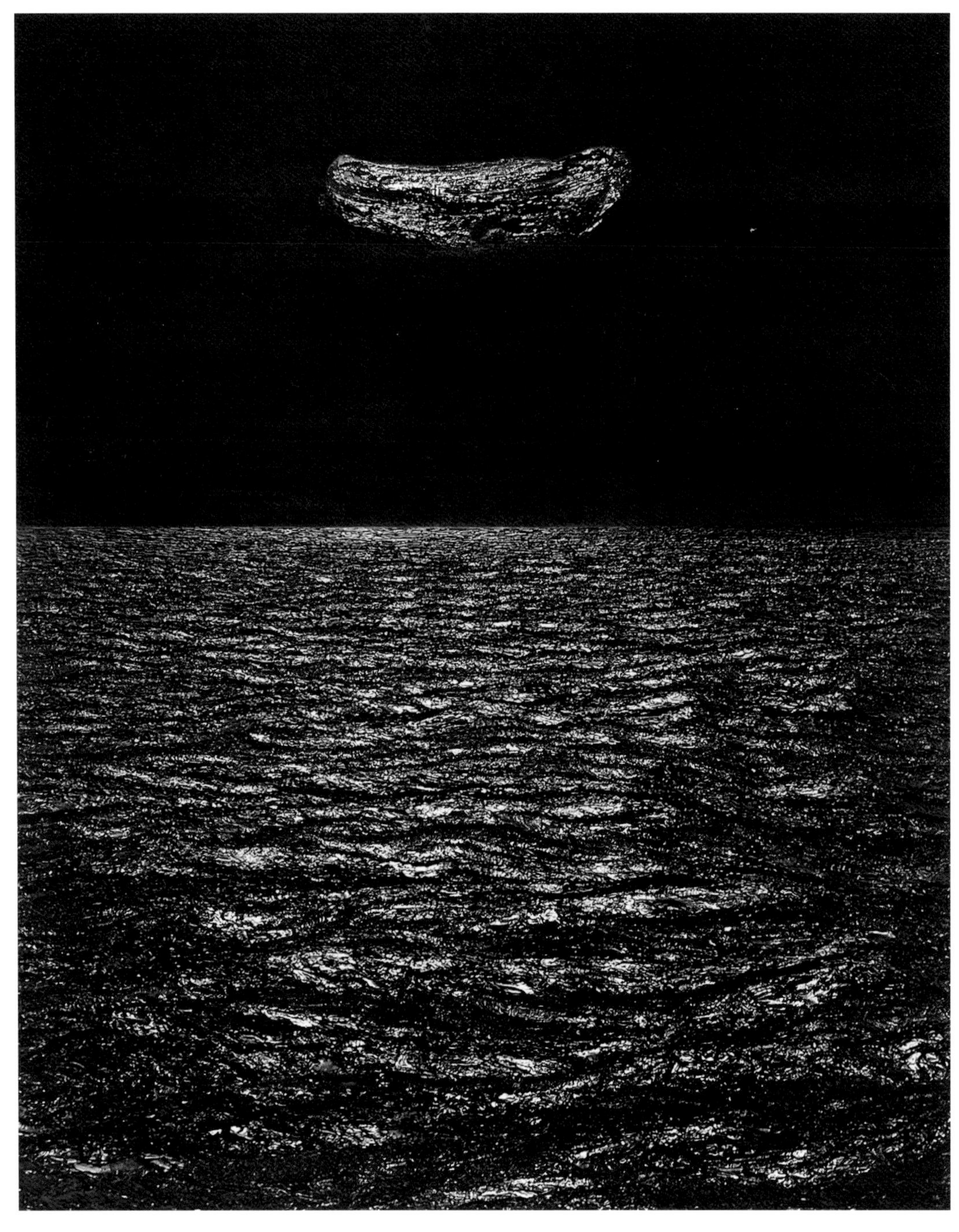

The Crossing CLXXIII, 2023

Huile, acrylique et poudre de graphite sur toile |
Oil, acrylic and graphite powder on canvas
116 × 89 cm
Collection privée | Private collection

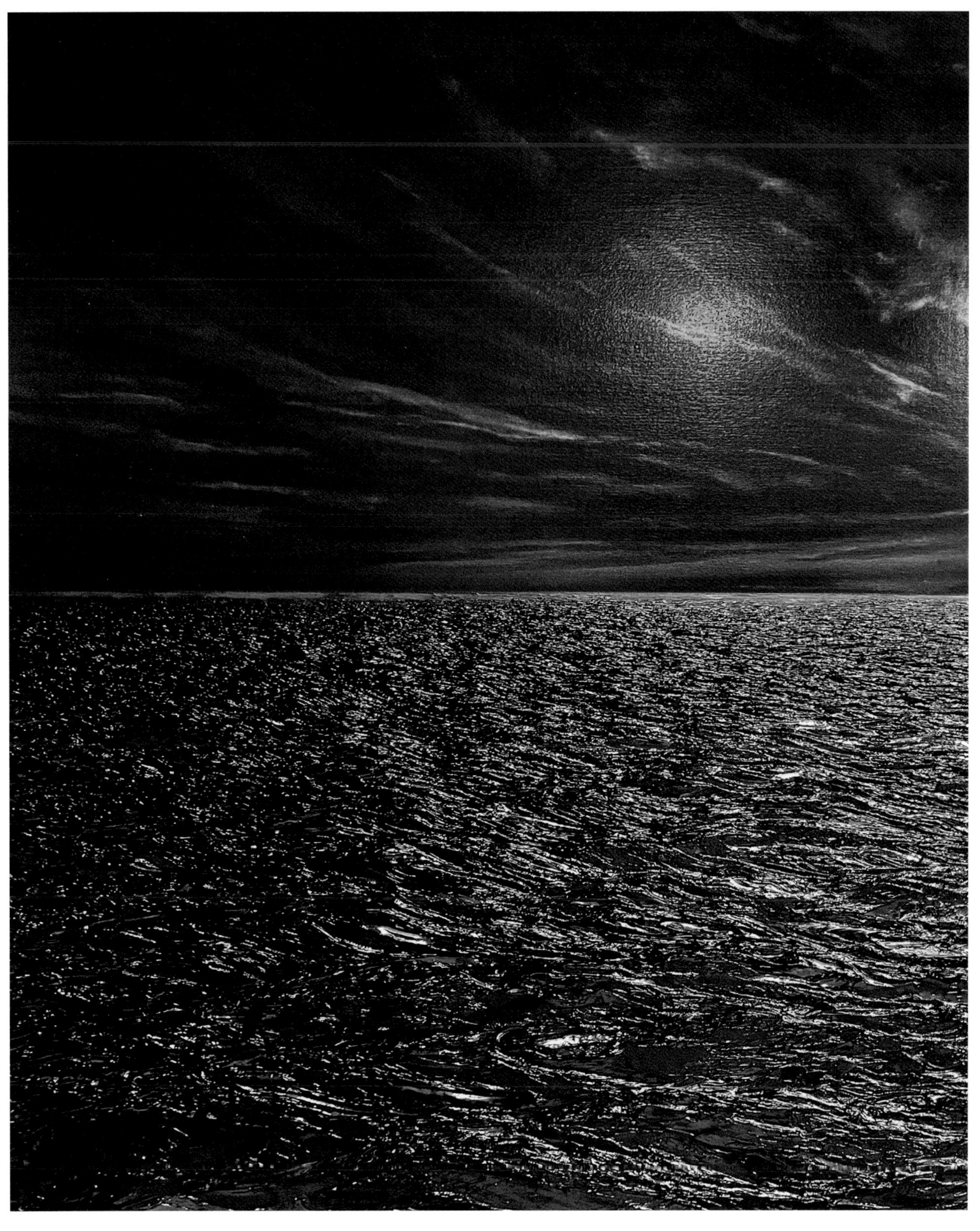

The Crossing CXCVIII, 2023

Huile, acrylique et poudre de graphite sur toile |
Oil, acrylic and graphite powder on canvas
146 × 97 cm
Collection privée | Private collection

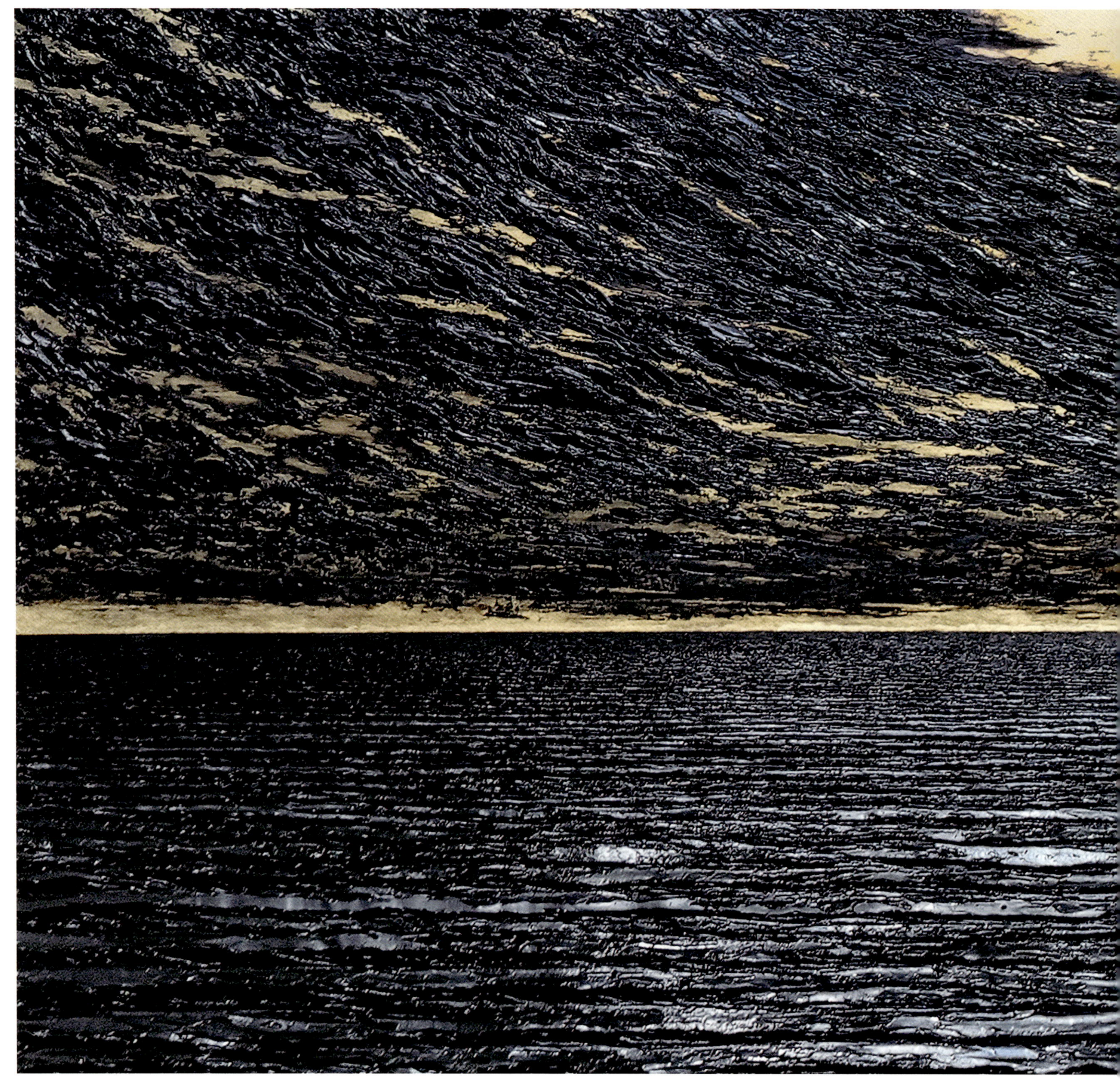

The Crossing CCXX, 2023

Huile et feuille d'or sur bois |
Oil and gold leaf on wood
122 × 250 cm

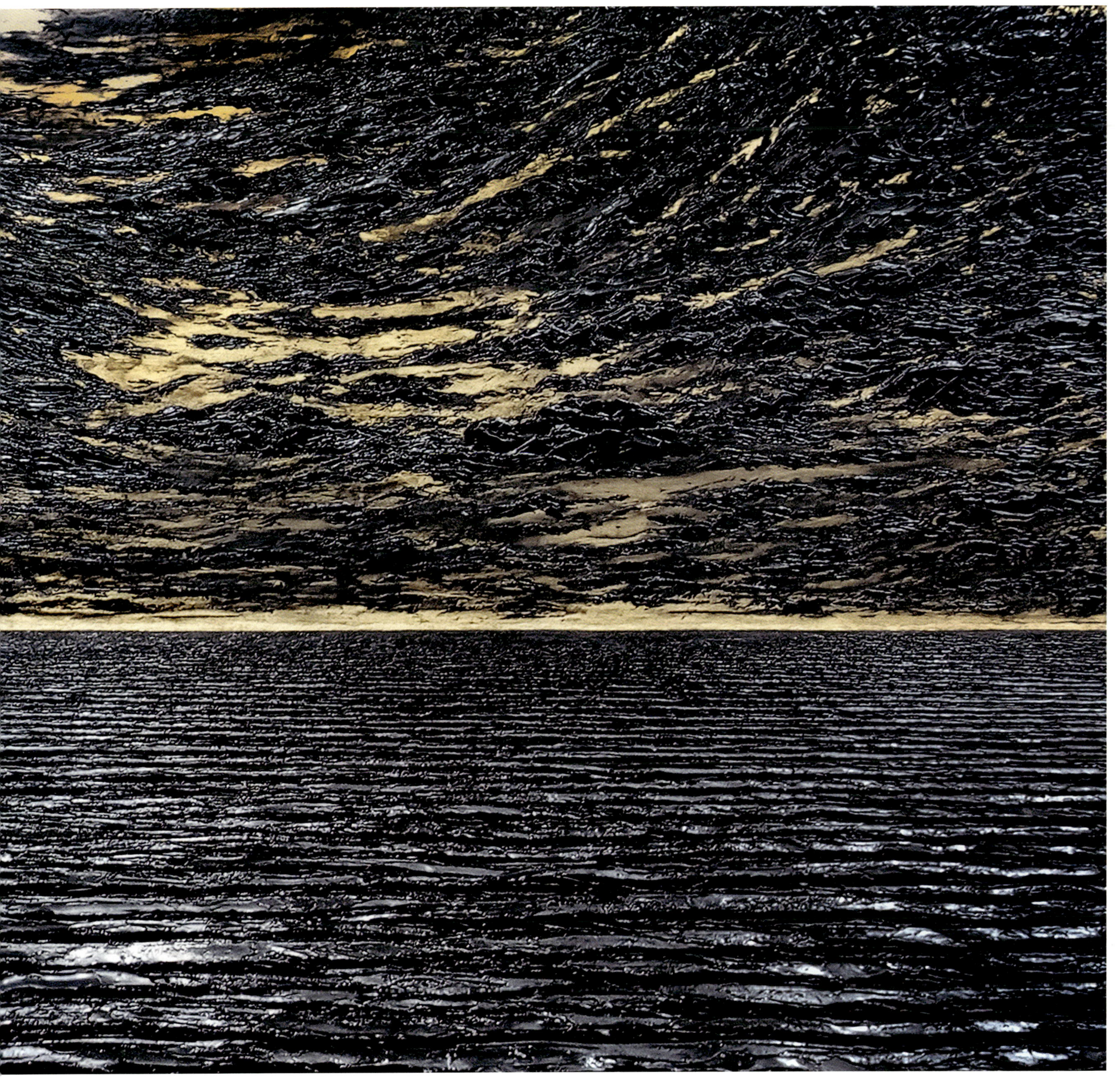

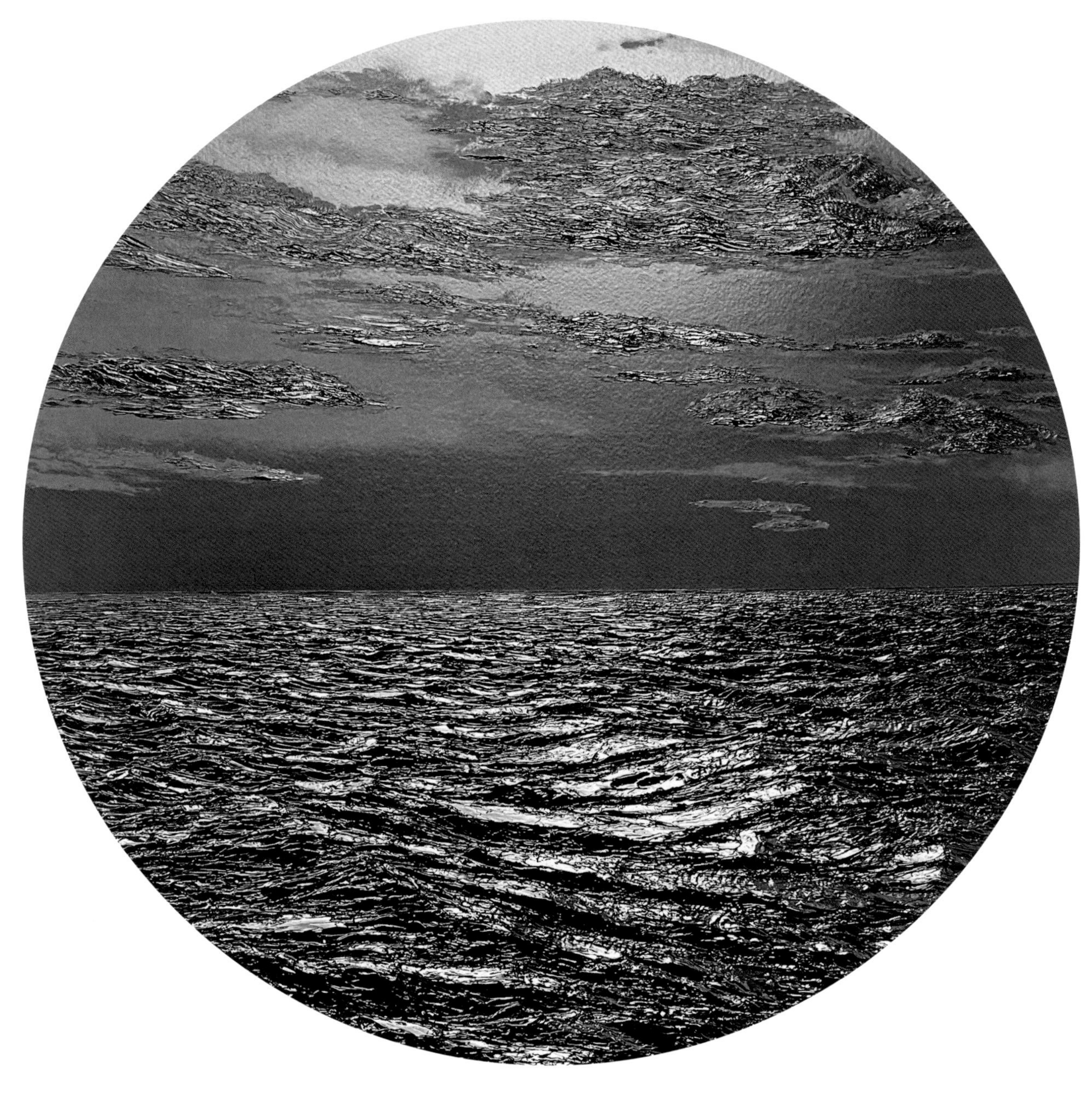

The Crossing CLXXXII, 2023

Huile et poudre de graphite sur toile |
Oil and graphite powder on canvas
100 cm de diamètre | diameter
Collection privée | Private collection

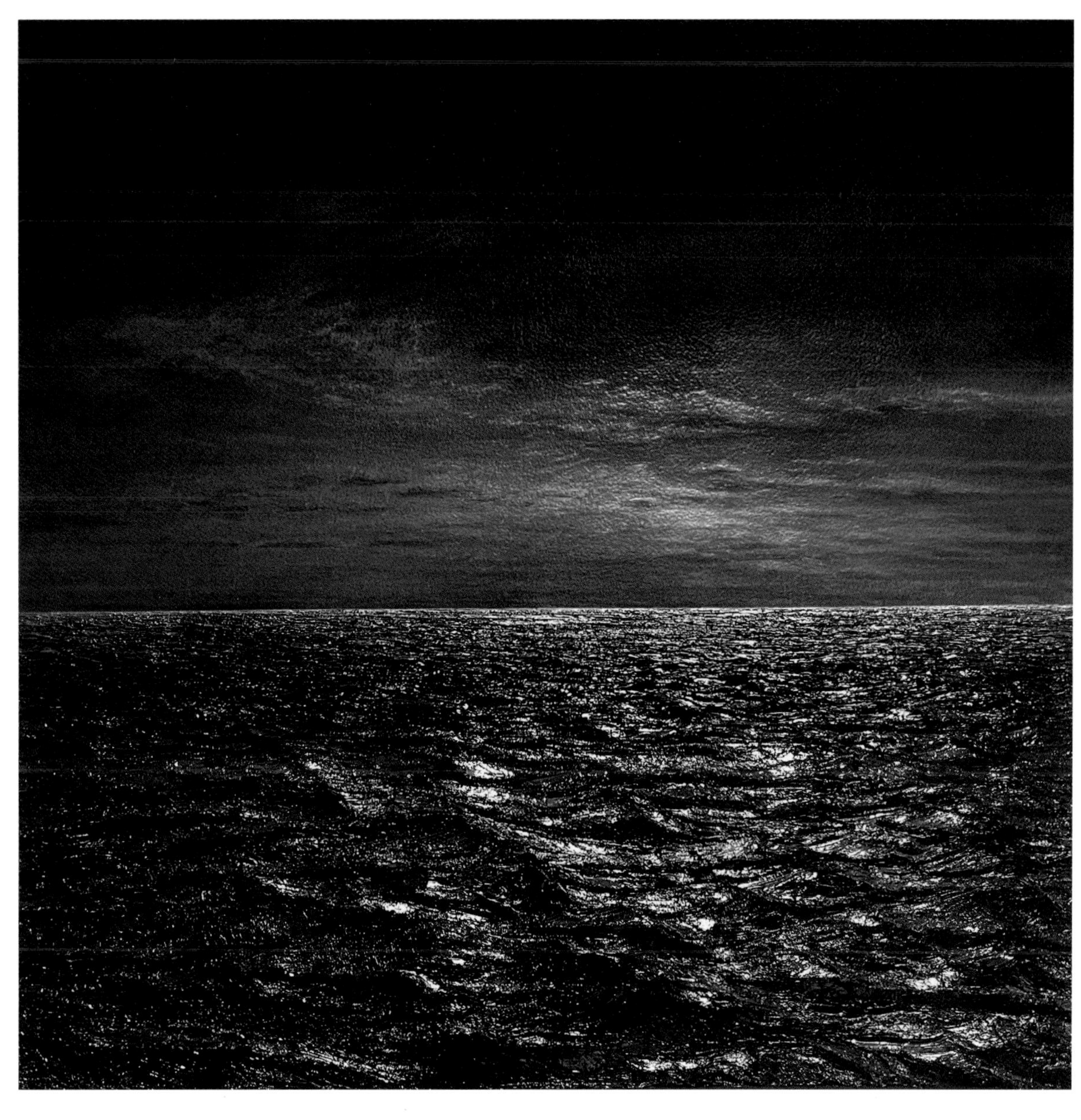

The Crossing CXCI, 2023

Huile, acrylique et poudre de graphite sur toile |
Oil, acrylic and graphite powder on canvas
80 × 80 cm
Collection privée | Private collection

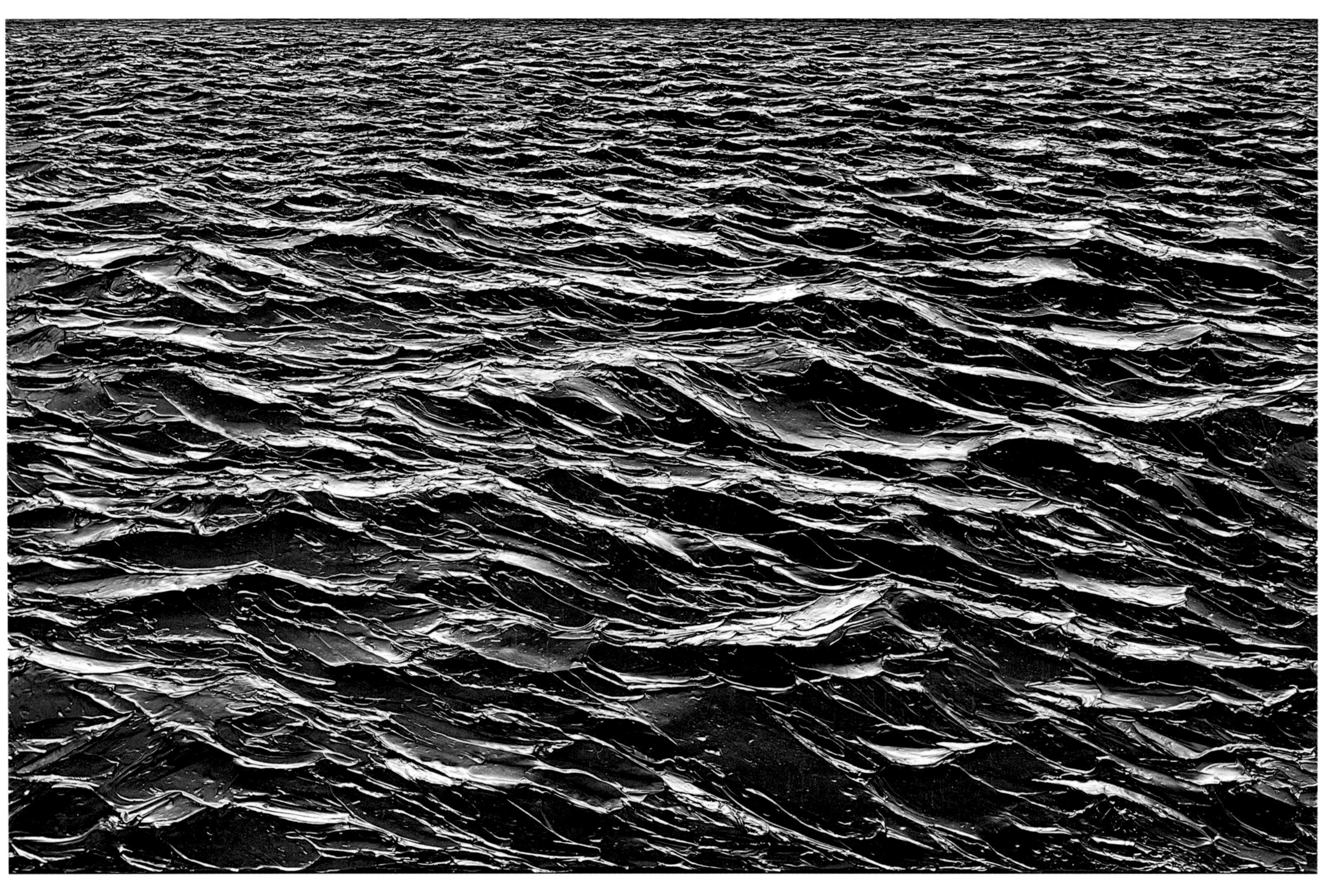

The Crossing CCIX, 2023

Huile sur toile |
Oil on canvas
97 × 146 cm

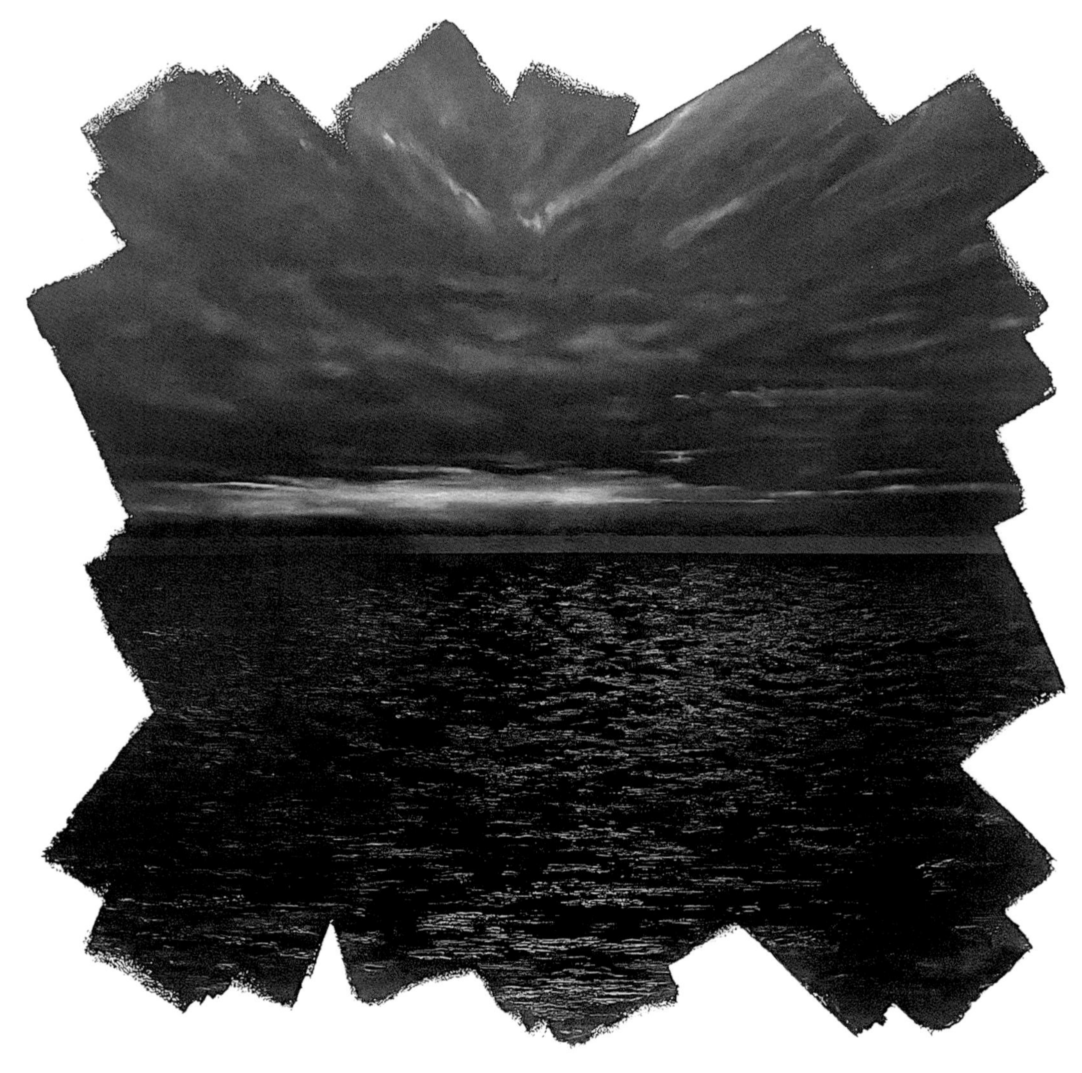

The Crossing CCIII, 2023

Huile, acrylique et poudre de graphite sur toile |
Oil, acrylic and graphite powder on canvas
180 × 180 cm

The Crossing CCIV, 2023

Huile, acrylique et poudre de graphite sur toile |
Oil, acrylic and graphite powder on canvas
180 × 180 cm

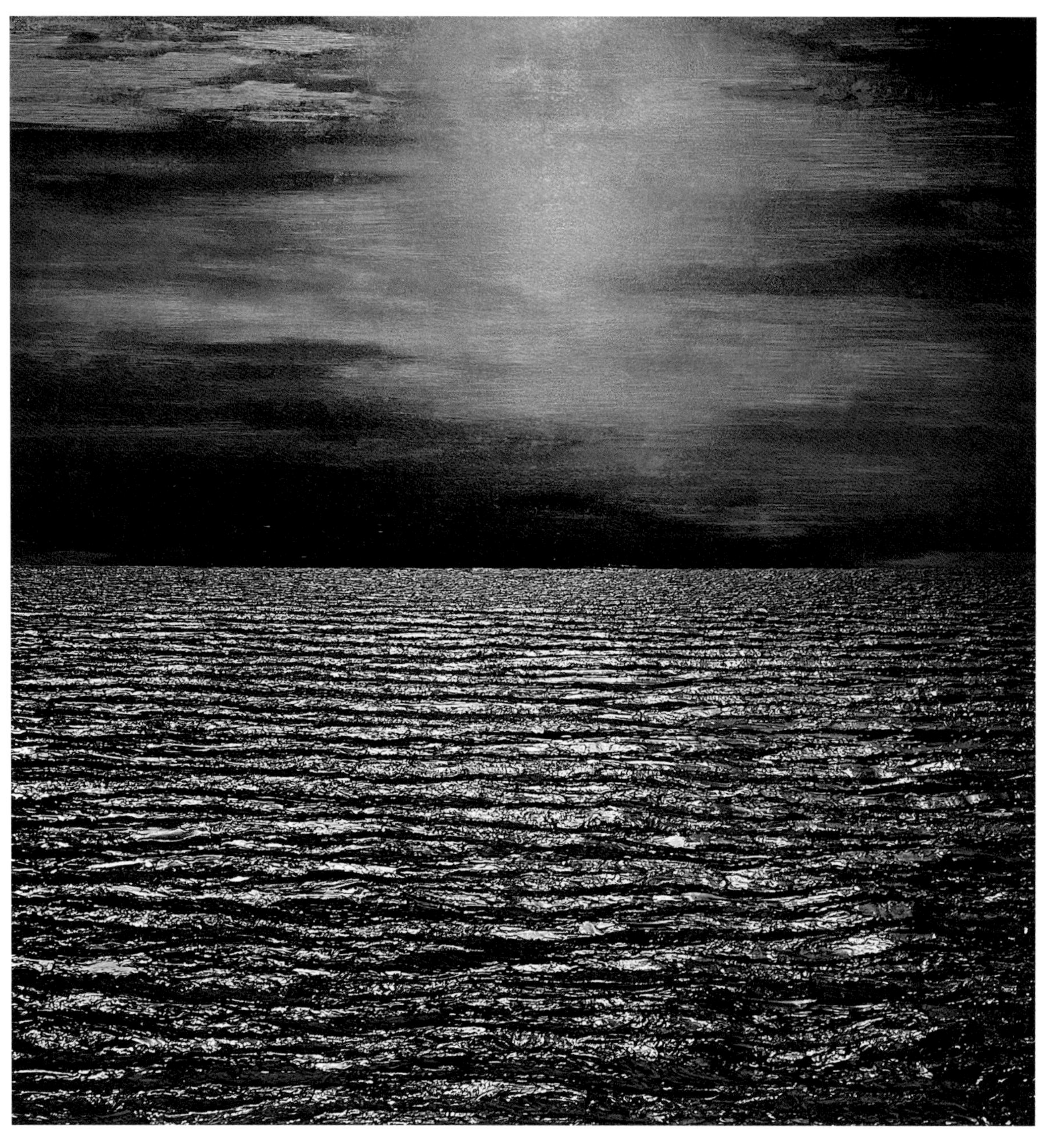

The Crossing CCVI, 2023

Huile sur bois |
Oil on wood
122 × 110 cm
Collection privée | Private collection

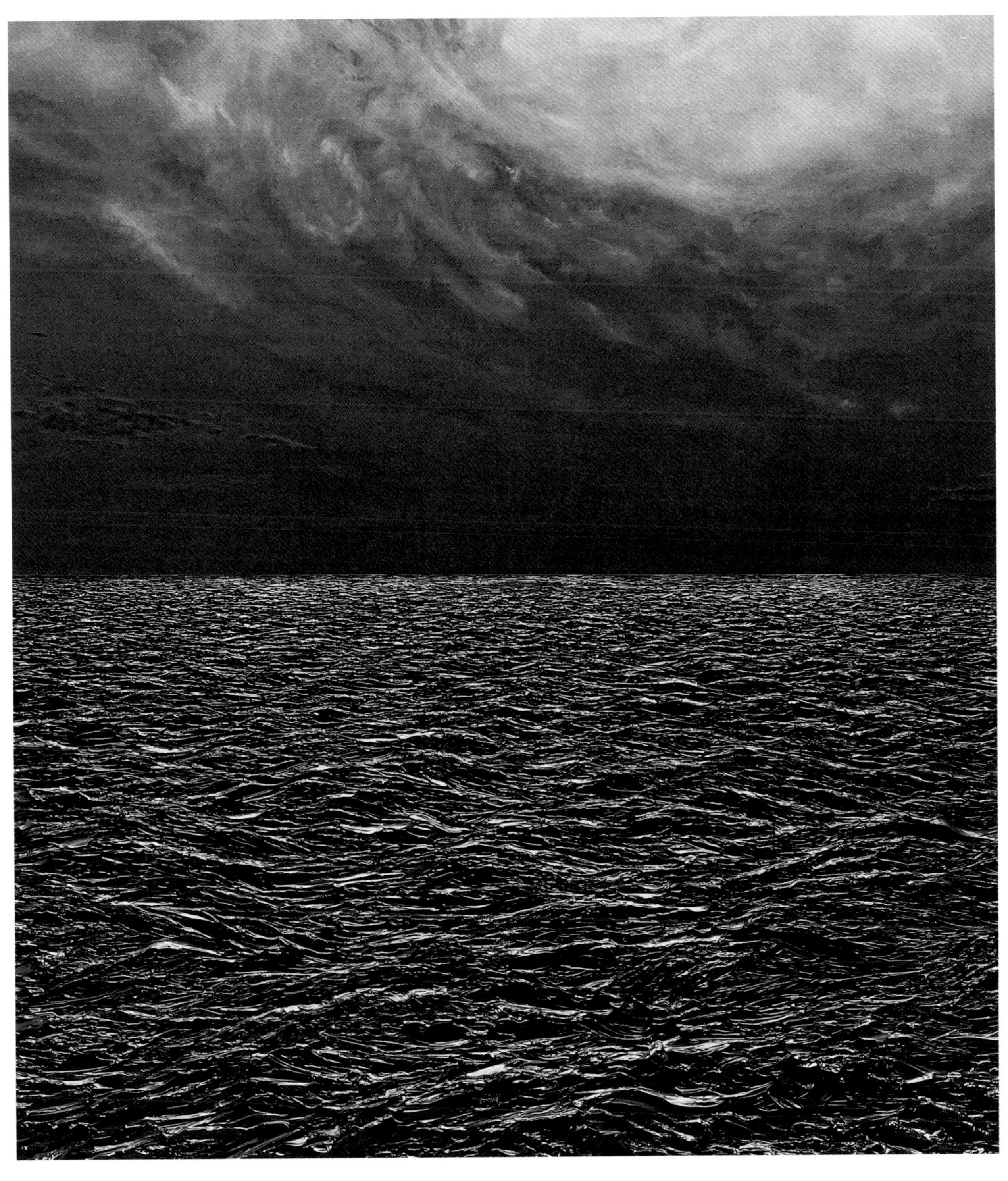

The Crossing CCXVII, 2023

Huile, acrylique et poudre de graphite sur toile |
Oil, acrylic and graphite powder on canvas
162 × 130 cm
Collection privée | Private collection

***The Crossing CCV**, 2023

Huile, acrylique, poudre de graphite et feuille d'or sur toile |
Oil, acrylic, graphite powder and gold leaf on canvas
212 × 195 cm

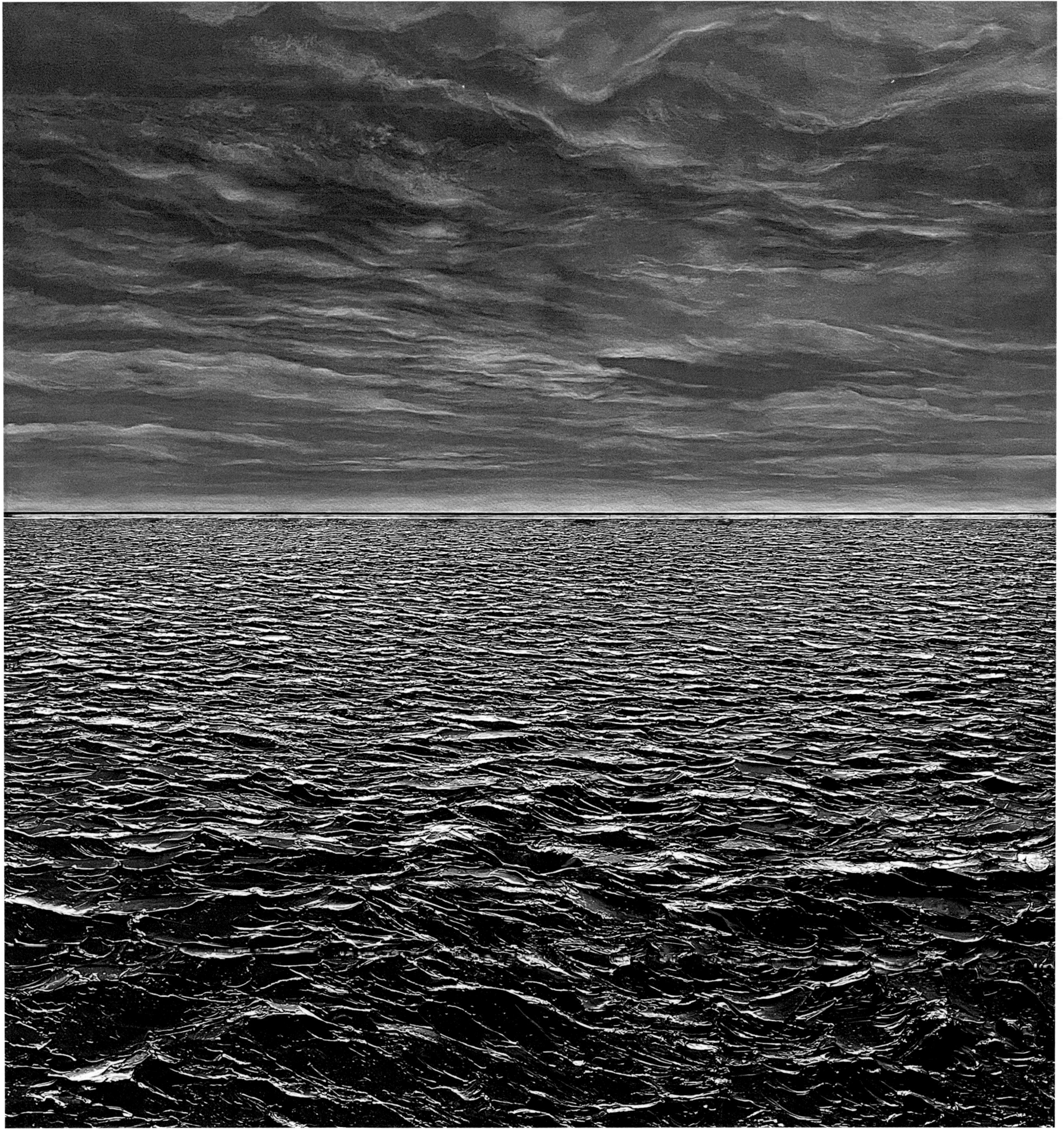

The Crossing CCVIII, 2023

Huile sur toile |
Oil on canvas
195 × 130 cm

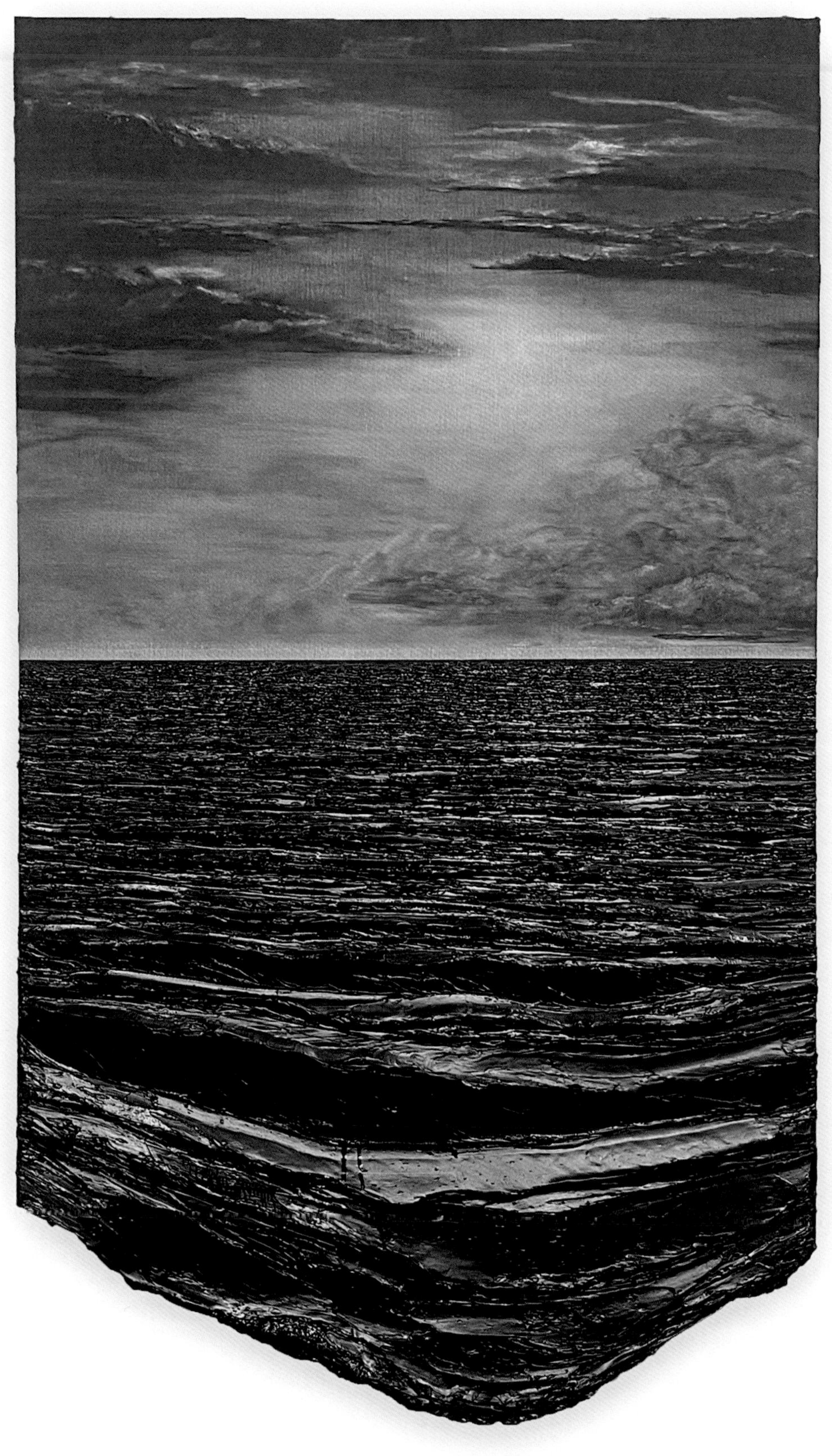

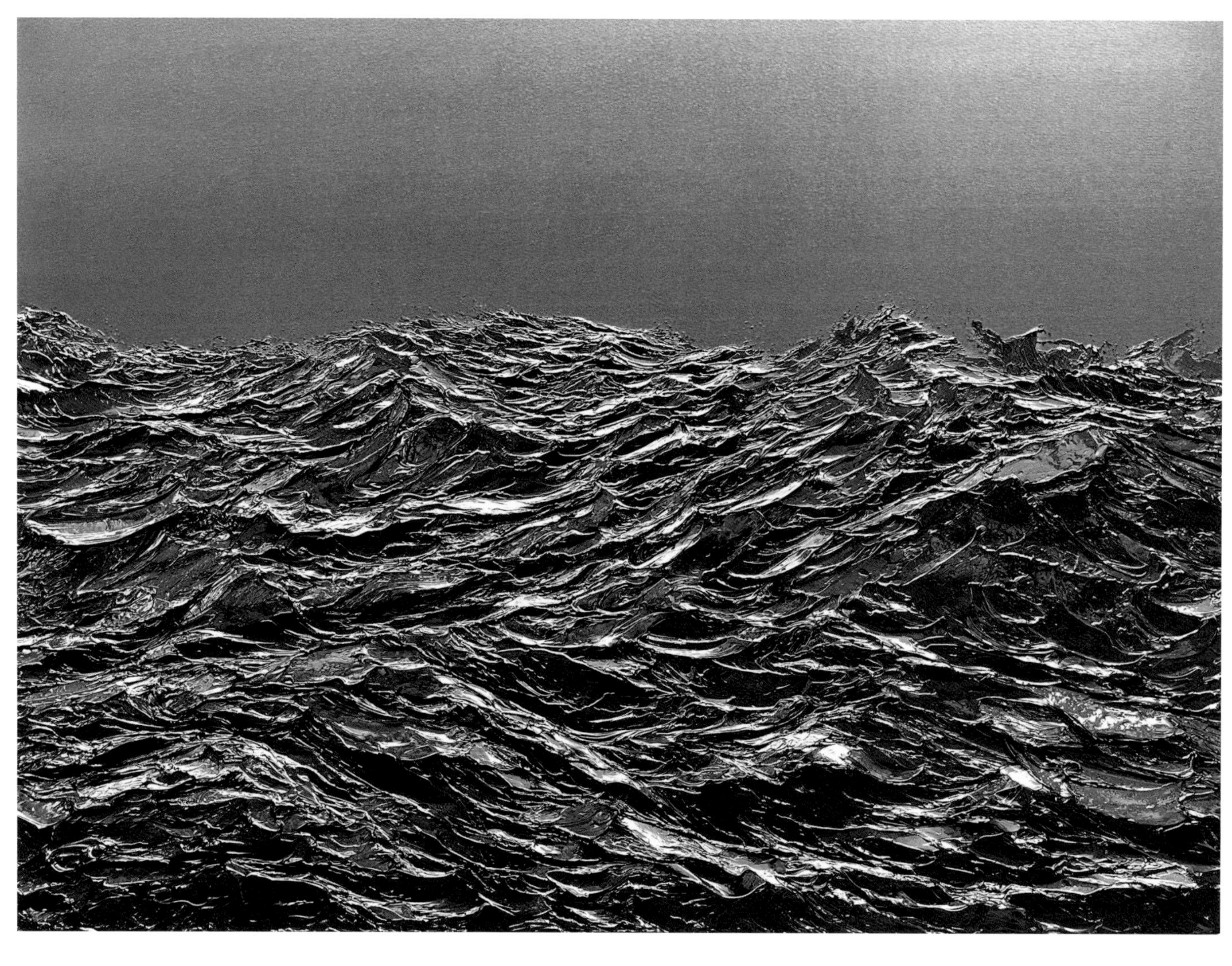

The Crossing CCXI, 2023

Huile sur toile |
Oil on canvas
97 × 130 cm

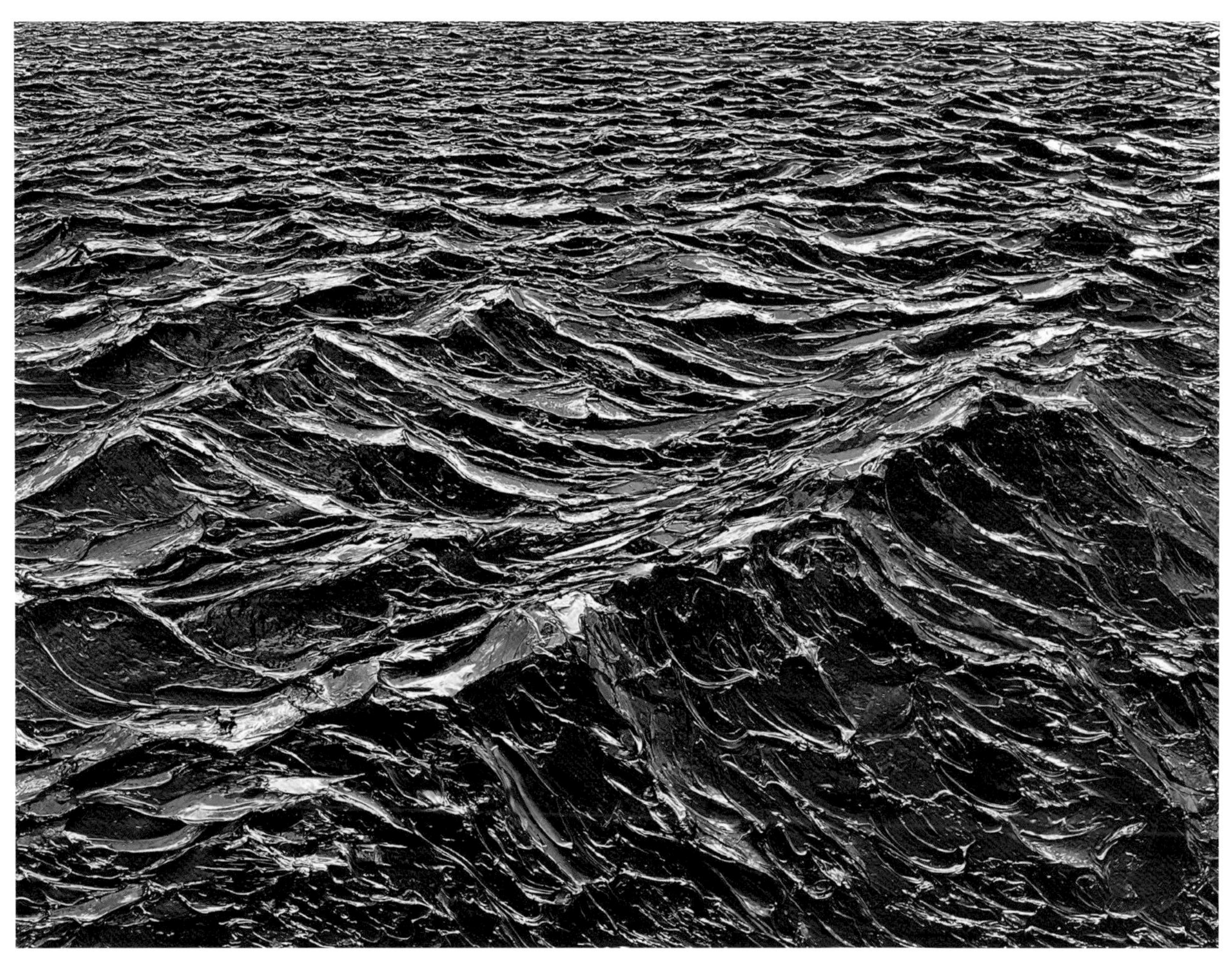

The Crossing CCXV, 2023

Huile sur toile |
Oil on canvas
89 × 116 cm
Collection privée | Private collection

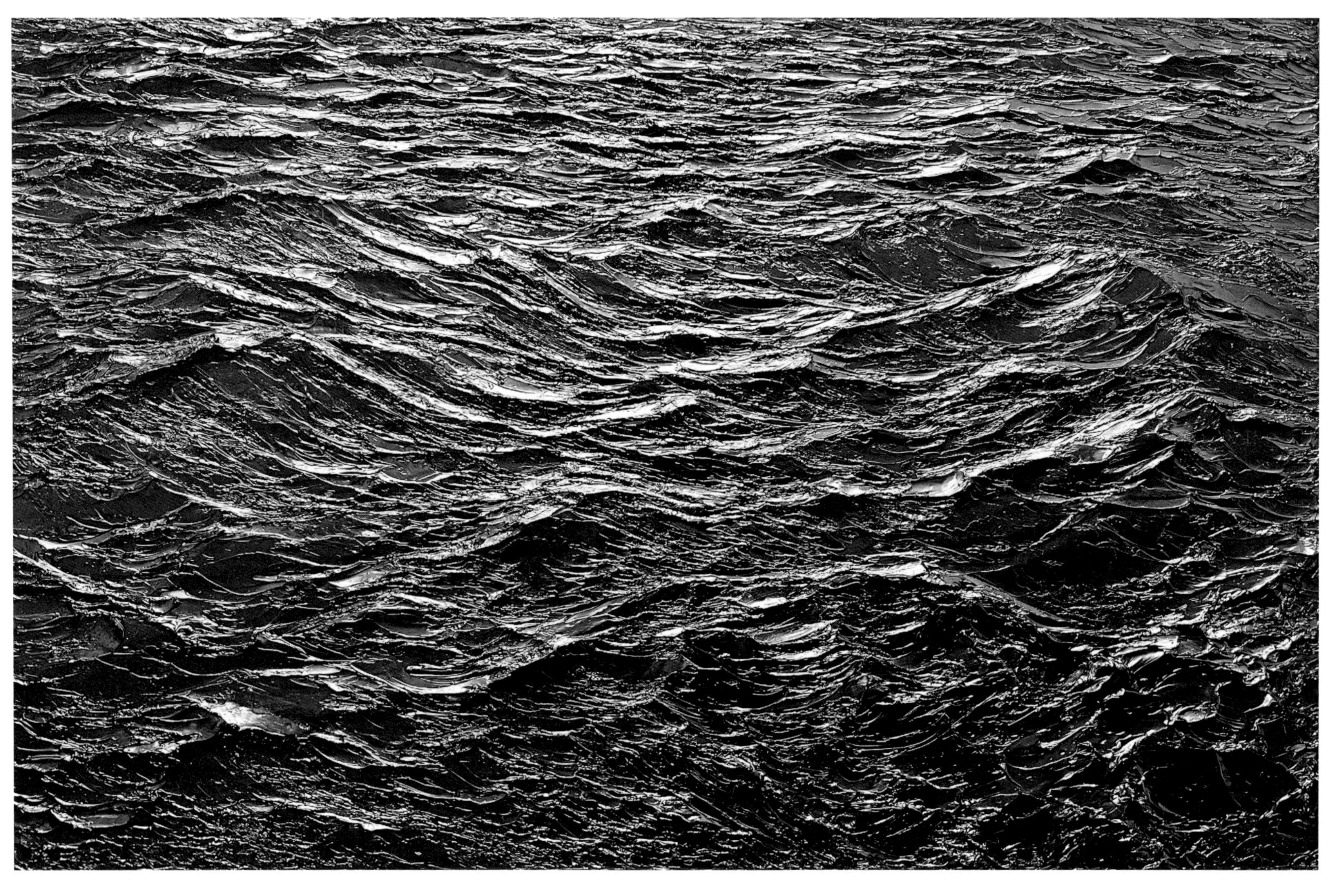

The Crossing CCXII, 2023

Huile sur toile |
Oil on canvas
130 × 195 cm

Page suivante | Next page
The Crossing CCXIV, 2023

Huile sur toile |
Oil on canvas
130 x 195 cm

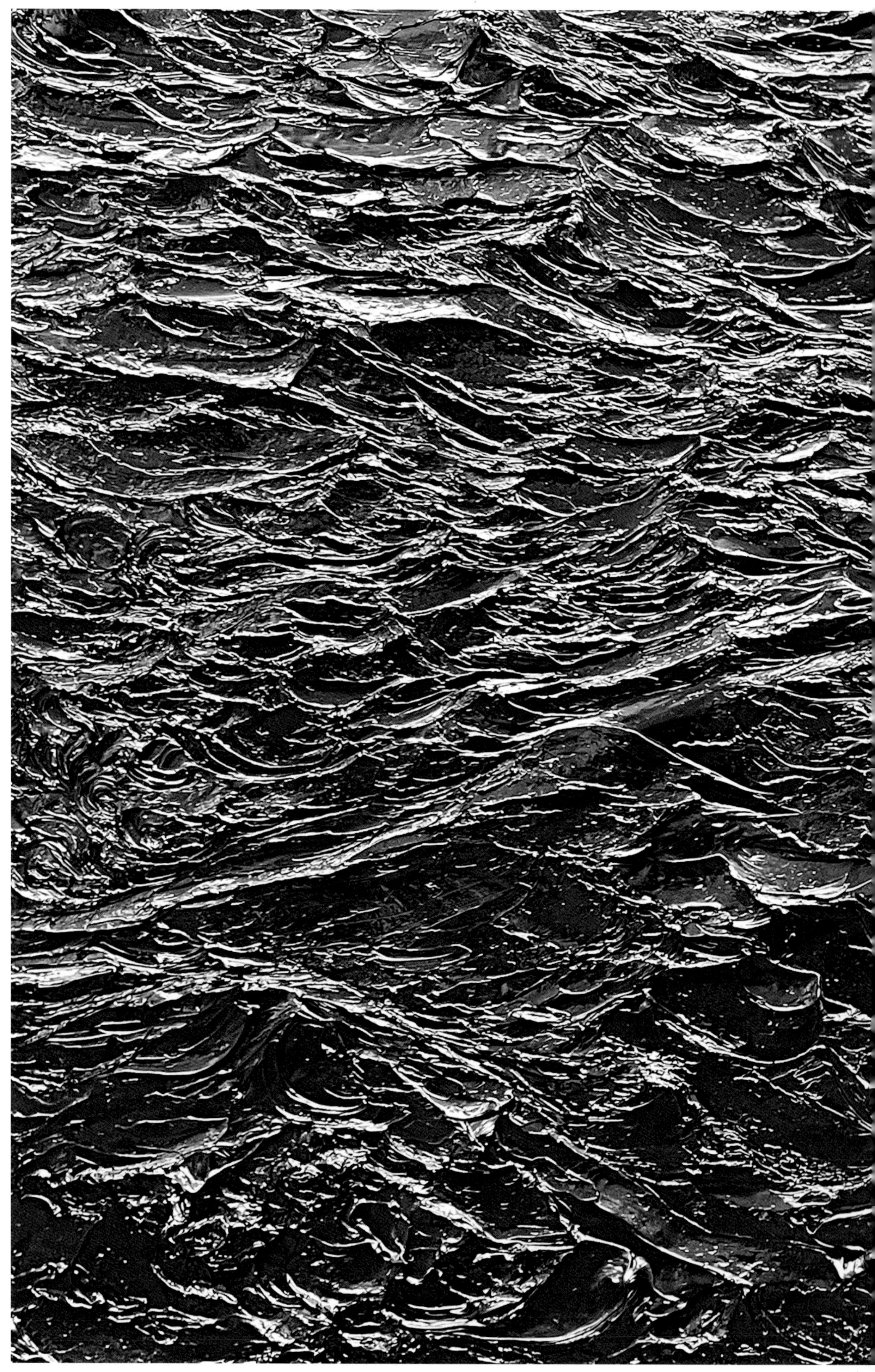

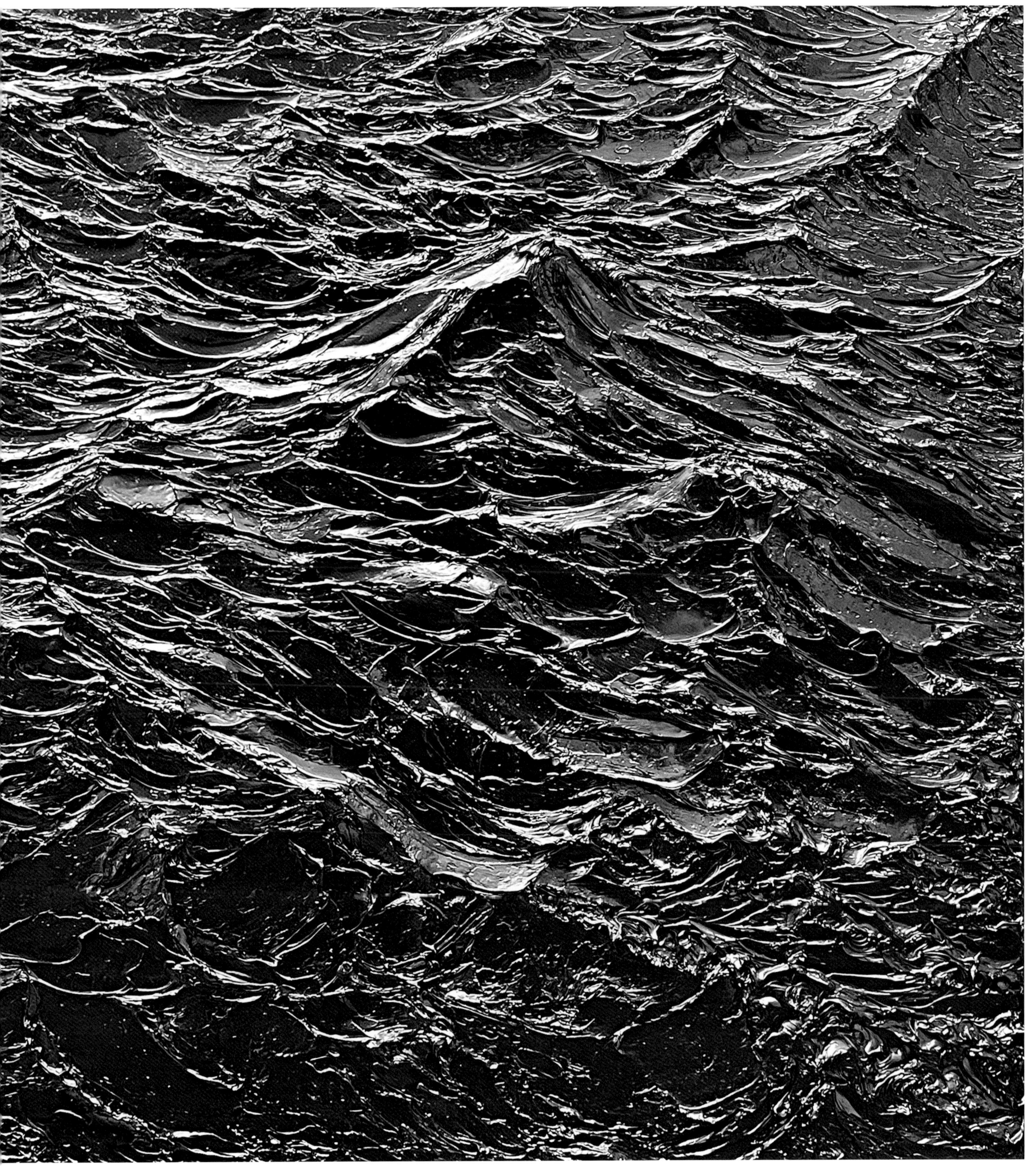

Bao Vuong dans son atelier, 2022
Bao Vuong in his studio, 2022

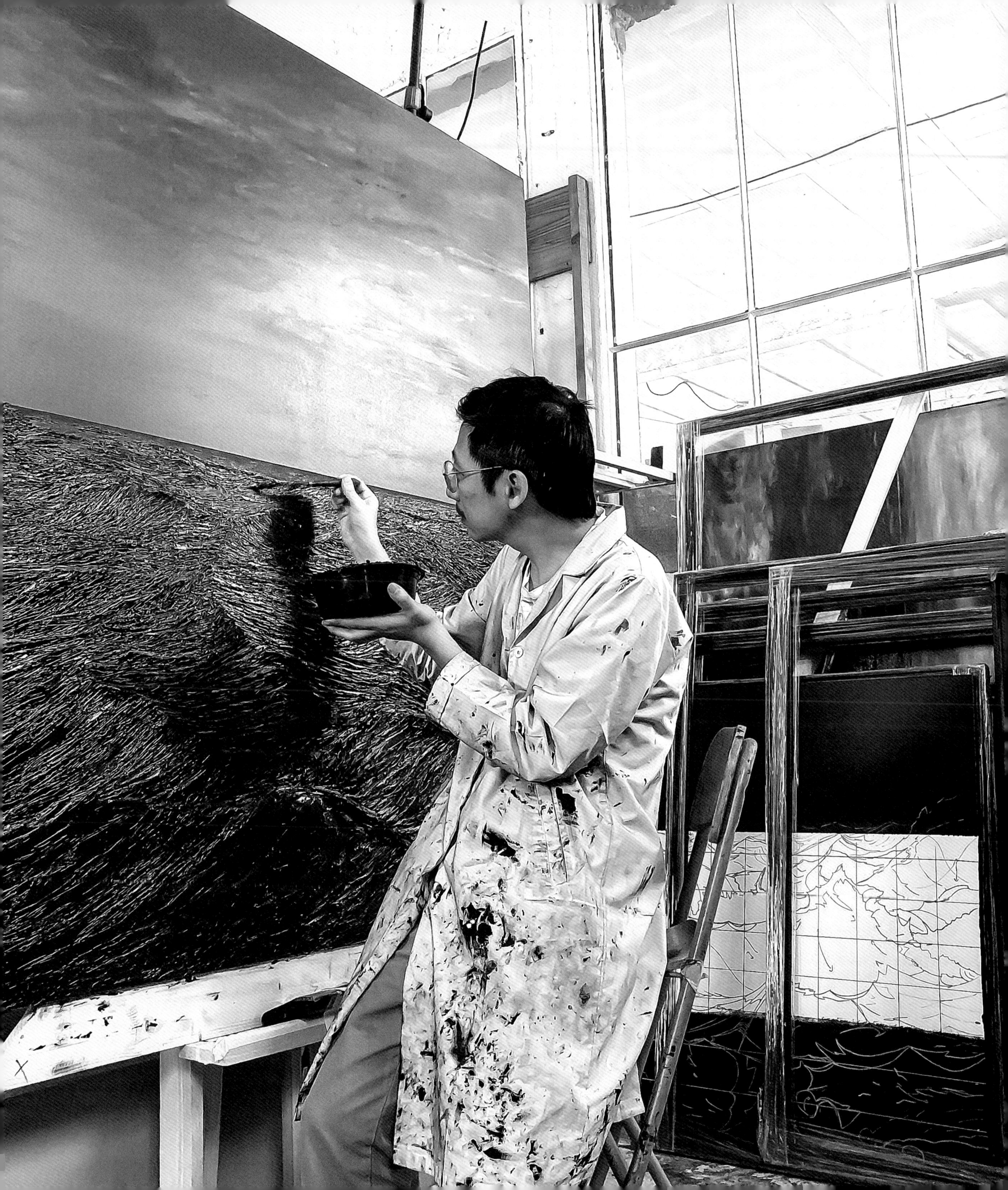

Biographie

Bao Vuong est né dans le delta du Mékong à la fin des années 1970 et a fui le Vietnam avec sa famille à l'âge d'un an. Après quelques années en France et des études artistiques à l'École des Beaux-Arts de Toulon (DNAP – Diplôme National d'Arts Plastiques) et à l'École Supérieure d'Art d'Avignon (DNSEP – Diplôme National Supérieur d'Expression Plastique), il est retourné au Vietnam pour travailler en tant qu'artiste plasticien. Son œuvre, notamment la série *The Crossing*, est fortement inspirée par cette fuite et explore les thèmes de l'identité, de la mémoire et de l'exil.

Par l'emploi de techniques artistiques variées, comme l'utilisation du noir sous différents aspects et des textures épaisses, Bao cherche à communiquer l'expérience émotionnelle du périple, et à susciter une réflexion plus large sur la condition des réfugiés et des migrants à travers le monde. Son travail cherche à dépasser le témoignage individuel pour nous rapprocher d'une mémoire collective universelle, rappelant ainsi les émotions partagées par ceux qui ont vécu des exodes similaires.

Bao insiste sur la singularité de sa démarche, qui vise à établir un lien sentimental et spirituel avec le spectateur, tout en laissant place à l'interprétation personnelle. Son travail artistique est donc une tentative de transformer les traumatismes individuels et collectifs en une expression artistique lumineuse et universelle, tout en interrogeant les réalités des réfugiés et des migrants contemporains.

Biography

Bao Vuong was born in the Mekong Delta in the late 1970s and fled Vietnam with his family at the age of one. After spending his youth in France and pursuing artistic studies with a DNAP (National Diploma of Plastic Arts) from the École des Beaux-Arts in Toulon and a DNSEP (National Higher Diploma of Plastic Expressions) from the École Supérieure d'Art in Avignon, he returned to Vietnam to work as a visual artist. His body of work, notably the series *The Crossing*, draws strong inspiration from this escape and delves into themes of identity, memory, and exile.

Employing various artistic techniques, such as using black in diverse forms and thick textures, Bao aims to communicate the emotional experience of fleeing and prompt broader contemplation on the plight of refugees and migrants worldwide. His work seeks to transcend individual testimony, touching upon a universal collective memory and emphasizing the shared emotions among those who have undergone similar exoduses.

Bao insists on the uniqueness of his approach, aiming to establish a sentimental and spiritual connection with the viewer while allowing for personal interpretation. Thus, his artistic endeavours represent an attempt to transform individual and collective traumas into a luminous and universal artistic expression, while questioning the realities faced by contemporary refugees and migrants.

Expositions personnelles | Solo exhibitions

2024 « 0 », Musée des Arts Asiatiques de Toulon | Asian Art Museum of Toulon, France

2023 « Nước », A2Z Art Gallery, Paris, France

« The Crossing », Richard Koh Fine Art, Singapour | Singapore

« Laguna Nera », Wilmotte Foundation, Venise | Venice, Italie | Italy

2022 « Horizons », A2Z Art Gallery, Paris, France

« The Crossing - La Haye », Vietnam Art House, La Haye | The Hague,
Pays-Bas | Netherlands

2021 « Coming Through », A2Z Art Gallery, Paris, France

2020 « The Crossing », A2Z Art Gallery, Paris, France

2019 « Another Crossing », Manzi, Hanoi, Vietnam

2018 « The Crossing », Arts Ventures Gallery, Hồ Chí Minh-Ville | Ho Chi Minh City, Vietnam

2016 « À travers », Espace de l'Institut français de Hanoi, Vietnam

Expositions collectives | Group exhibitions

2023 « Racines » Bao Vuong & Wang Keping, Galerie Le Fell, Bruxelles | Brussels,
Belgique | Belgium

« Water », Fondation Boghossian, Villa Empain, Bruxelles | Brussels, Belgique |
Belgium

« Voyage Suspendu », commissariat d'exposition par | curated by Ici Vietnam,
Showroom Vinfast, Paris, France

2022 « Syzygie, a ritual for the Ocean », Institut français | French Institut, Lisbonne |
Lisbon, Portugal

« Exodes », UMAM (Union Méditerranéenne pour l'Art Moderne), Saint-Raphaël,
France

2021 « Distorsion humaine » (performance), ICI VIETNAM, Paris, France

Exposition collective à | Group exhibition at La Tour de Sel, Calvi, France

« Unlearning », commissariat d'exposition par | curated by David Willis, Richard Koh
Fine Art, Singapour | Singapore

2020 « FALSE », A2Z Art Gallery, Paris, France

2018 « All Animals Are Equal », Hồ Chí Minh-Ville | Ho Chi Minh City, Vietnam

2017 « Festival Krossing-Over », Musée des Beaux-Arts de Hồ Chí Minh-Ville | Fine Art
Museum of Ho Chi Minh City, Vietnam

« NGUCHONOBAY », Gallery Quynh, Hồ Chí Minh-Ville | Ho Chi Minh City, Vietnam

Foires d'art | Art fairs

2024 ART PARIS, Grand Palais Éphémère, Paris, France
ART SG, Marina Bay, Singapour | Singapore

2023 ART 021, Shanghai, Chine | China
ASIA NOW 9ᵉ édition | 9th edition, Monnaie de Paris, Paris, France
BAD - Bordeaux Art Design, Bordeaux, France
ART PARIS, Grand Palais Éphémère, Paris, France

2022 ASIA NOW 8ᵉ édition | 8th edition, Monnaie de Paris, Paris, France
BAD - Bordeaux Art Design, Bordeaux, France
ART PARIS, Grand Palais Éphémère, Paris, France

2021 ASIA NOW 7ᵉ édition | 7th edition, Salons Hoche, Paris, France
ART PARIS, Grand Palais Éphémère, Paris, France

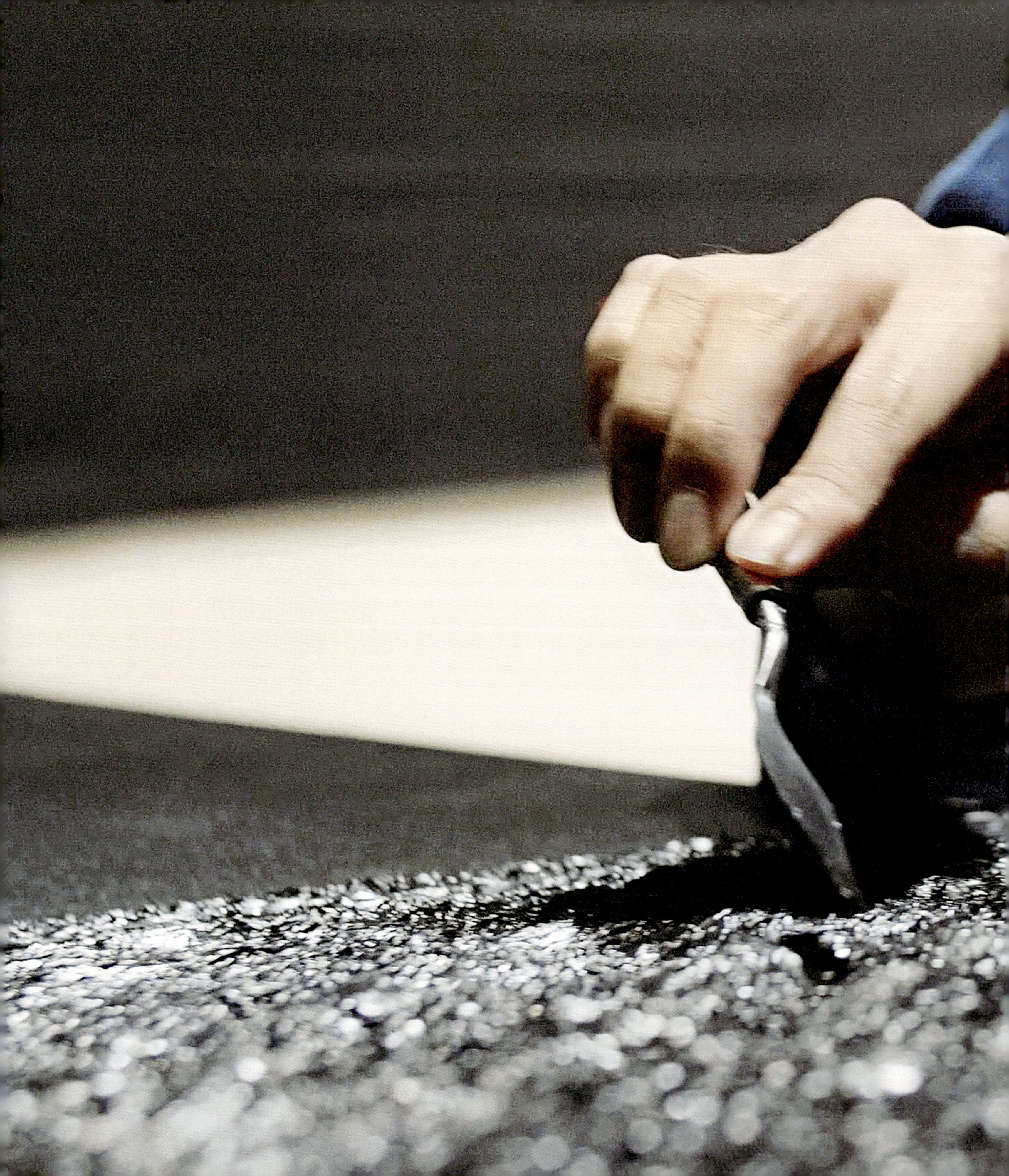

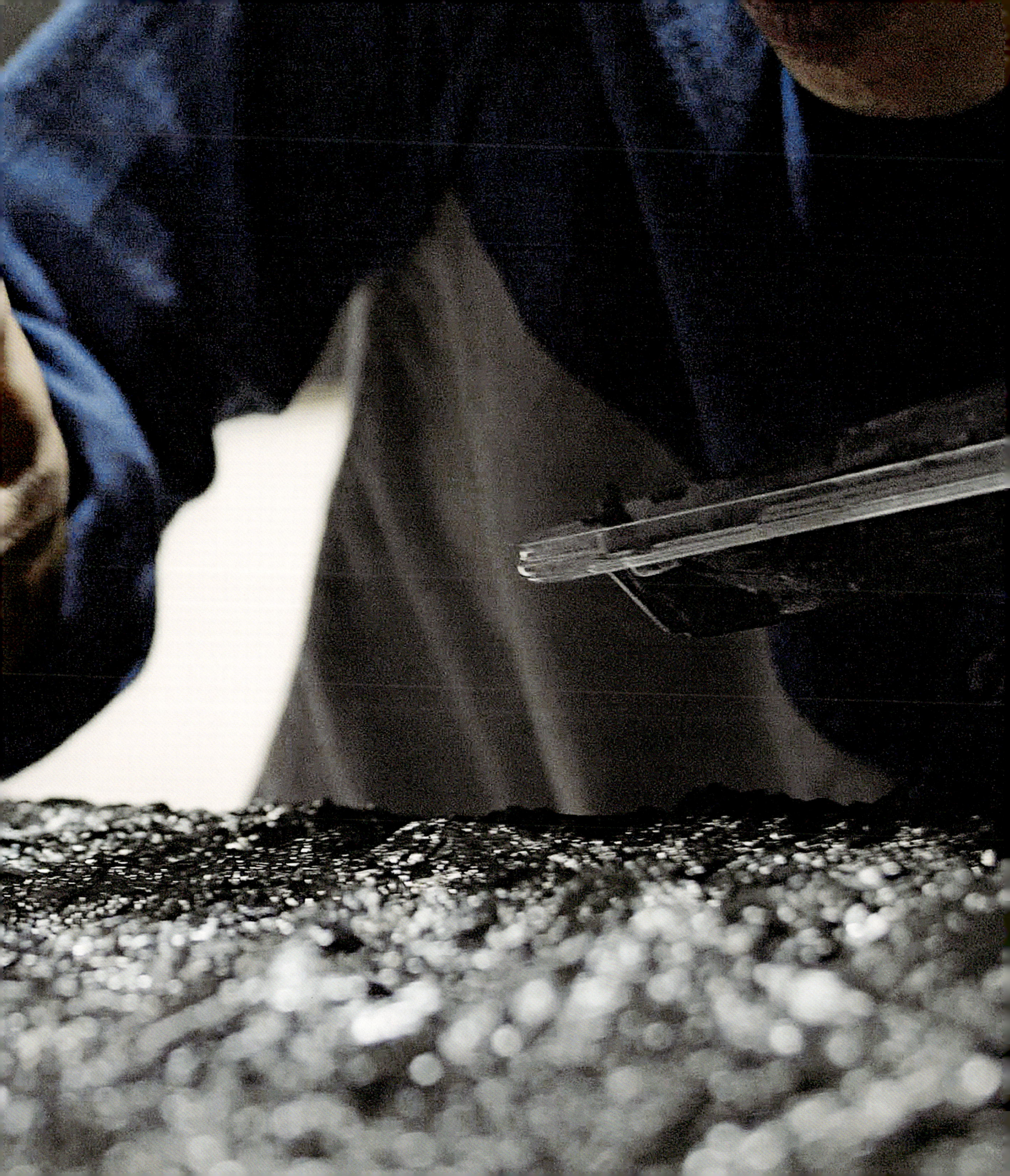

A2Z ART GALLERY
24 rue de l'Échaudé
75006 Paris
www.a2z-art.com

Directeurs de galerie
Gallery directors
Ziwei Li & Anthony Phuong

Mise en page
Layout
Pham Bao Thy Nguyen

Textes
Texts
Mathieu Dufourg
Anne Maquet
Bao Vuong
L'équipe de A2Z Art Gallery

Photographe
Photographer
Bruno Pellerin

ÉDITIONS SKIRA PARIS
14 rue Serpente
75006 Paris
www.skira.net

Responsable des éditions
Senior editor
Nathalie Prat-Couadau

Responsable du projet
Project manager
Roxanne Rebours

Responsable éditoriale
Editorial manager
Juliette Chambon

Chargée de projets éditoriaux et commerciaux
Commercial and editorial projects manager
Meryl Mason

Assistant éditorial
Editorial assistant
Paul Bonete (stagiaire / intern)

Relecture
Copyediting and proofreading
Laetitia Agostino – Français / French
Mark Nathan – Anglais / English

Photogravure
Colour separation
Litho Art New, Turin

Couverture | Cover
Bao Vuong, *The Crossing L - 1,* 2021

ISBN N° 978-2-37074-254-4
© Éditions Skira Paris, 2024
© A2Z Art Gallery, 2024
© Bao Vuong, 2024

Sauf mention contraire dans le livre, toutes les œuvres sont : | Unless otherwise stated in the book, all works are:
© Bao Vuong

Tous droits réservés.
Aucune partie de cette publication ne peut être reproduite, archivée ou transmise sous quelque forme ou par quelque moyen que ce soit, électronique, mécanique, par photocopie ou autre, sans l'autorisation préalable de l'éditeur.
All right reserved.
No part of this publication may be reproduced, stored in a retrieval system, or transmitted in any form or by any means, electronic, mechanical, photocopying, recording, or otherwise, without the prior consent of the publishers.

Achevé d'imprimer en mai 2024 sur les presses de Graphius à Gand, Belgique
Dépôt légal juin 2024
Printed in May 2024 on Graphius presses in Ghent, Belgium
Legal deposit June 2024

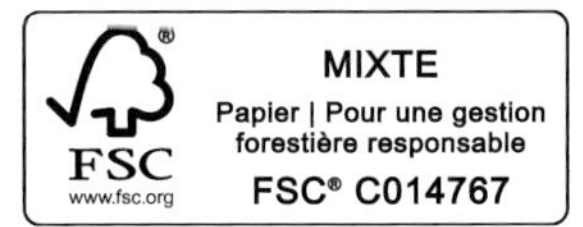